性表現規制の文化史

白田秀彰

亜紀書房

性表現規制の文化史

性表現規制の文化史　目次

第二章（歴史編）

「性《えっち》」の比較社会論　47

第三章（近代史編）

市民社会と道徳　83

第四章（法制史編）
「えっちな表現」はいかに取り締まられてきたか　115

第五章（法制史編その2）「えっちな表現」規制はいかに制度化されたか　141

第六章（日本編）日本における性表現規制の歴史　181

はじめに
「えっち」なのはなぜいけないのか？

「えっちなのはいけないと思います！」

と言われると「たしかに」と思うでしょう。「えっちなこと」や「えっちなもの」は単に道徳とか倫理の面からダメだとされているだけでなく、一定の限界を超えると犯罪とされています。ですから「えっち」が望ましくないことは政府の判断の上においても、認められていると考えてよいでしょう。

しかしこれは、奇妙なことです。私たちは生物であり、生殖活動をしなければ子孫を残すことはできません。私の祖父母、そして父母もまた「えっち」をしてきたからこそ、現在の私があるのです。このようにして人類は、いや生物は、「えっち」を連綿と続けることによって世界を維持し、展開してきたのです。「えっち」とは、そうした生殖活動やそれに関連した行為、またそれを表現したものです。すなわち、「極めてありふれていて、ほとんどの人が自ら経験すること」であり、またそのことの表現ということになります。どうしてこれが「望ましくないこと」なんでしょう？　それを、人前で行うことや、その様子を描いた表現を、法律によって禁止してまで抑制しようとする理由は何なのでしょう？

「えっち」と同じように、しばしば表現規制のやり玉に挙げられる表現として「暴力」があります。もちろん暴力表現も残酷なものについては、規制の対象となり得るわけですが、実は暴力表現は法律によって禁止されていません。憲法が保障する「言論表現の自由」の一部ということで保護されています。それどころか、姿かたちが醜く生まれたため、五人ほどの正義の味方によってたかっていじめられ、殺されてしまう怪人の話や、誰かがなんらかの理由で誰かを殺すことを一種の娯楽の種とするような話が小さな子供たちを対象とするような作品から大人向けの作品まで、日常的に溢れているのに、こちらは非難されたり不道徳だと言われたりすることがあまりありません。なぜなら、「実際の暴力」と「暴力についての表現」は異なるものと考えられるからです。これは、性表現についても同様のはずです。

仮に、私たちが表現に影響されて、その表現にならった行動をしてしまうとした場合（実際にはそんなことはないのですが）、「えっち」をすると命が生まれる可能性があるわけですが、人をさいなんだり人を殺せば命が失われてしまいます。どちらがより「望ましくないか」については、議論の余地もなく暴力だと私は考えます。すると、「暴力」に関する表現に対してはとても寛容であるのに、法律まで持ち出して「えっち」に関する表現を抑制しようとする理由は何なのでしょう？　どうやら「えっち」については、「無条件にそれを悪とし、それ以上その理由を追求してはならない」という暗黙の決まりがあるように感じられてなりません。

「えっちなのはいけないと思います！」は、現在の私たちの心理に深く深くしみついた反応であって、ほとんど議論の余地のないほど明らかなことに思われます。それゆえに「えっちを取り締まる」と言うと賛成を得られやすくなります。これは憲法が保障する「言論表現の自由」にとって、私たちが思っている以上に重要なことです。現在の私たちの社会は民主主義を採用し、その民主主義の基礎として言論表現の自由を保障していきます。そして、言論表現の自由が展開していく中で、ほとんどすべての表現に対して、政府が干渉することはできなくなっています。ところが刑法にもあるとおり、「えっちを取り締まる」と言うと「取り締まりもやむを得ない」という雰囲気ができあがります。世の中の人々の反応として「えっちでもいいじゃん！」と言いにくいのでしょう。さらに「純真無垢な青少年をえっちなものから守って健全に育成するのだ」と言われると、誰も反論できなくなってしまいます。こうして「青少年健全育成を目的とした性表現の規制」は、表現規制の最後の一点として——とても強固な一点として——「言論表現の自由」の例外となっています。

こうした背景の中、私はなぜ「えっち」がダメであるという観念が形成されてきたのか、なぜ「えっち」がほとんど無条件に抑制の対象とされてしまうのか、そして、なぜ青少年が「えっち」を見ることが禁じられるべきとされているのか、という疑問に、おおよそ一〇年くらい取り組んできました。この問題は、歴史、文化、宗教、制度、法律など多くの要素が絡んでいて、一〇年経っても全体像を描くことができていません。しかし、少なくとも私が専門にしている「英米法」すなわち、イギリスやアメリカにおける展開という線については、一定の答えを得ることができました。そこで、先の問いに対する答えの一区切りとして、この本を書くことにしました。

ですから、この本は、次のような問いに答えることを目的にしています。

・性表現以前に、そもそも性そのものが抑制の対象となった理由は何か
・性表現が抑制すべきものと考えられるようになった理由は何か
・性表現を抑制することが法制化された経緯は何か
・特に青少年を性から隔離すべきだという考え方の理由は何か

そして、この本は、次のように展開します。

・猥褻やポルノといった私たちが漠然と把握している観念の内容の整理
・性や結婚といった事項が歴史や社会の中でどのように位置付けられてきたかの説明
・イギリスやアメリカにおける性規制および性表現規制がどのように展開したかの説明

日本における状況についても資料を集めて記述したものがあるのですが、こちらはまだ、皆さんに読んでいただくほどには整理できていません。ですから、日本における性規制の歴史は、概略にとどめることになるでしょう。とはいえ、私たち日本人が明治以降の歴史の中でつくり上げた性規範は、この本で紹介する西洋社会の性規範の強い影響下にあるわけですから、この本の内容は、私たちの性規範の現在を考えるときにも、欠くことのできない基礎であるといえるでしょう。

第一章（基礎編）

「猥褻」とはそもそも何なのか

①性規範に関連する言葉の検討　そもそもどんな意味だったのか

さて、性表現規制の歴史を見る前に、まずは性規制や性表現規制にしばしば出てくる用語や概念について、整理しておこうと思います。

「猥褻」という言葉はもともと「えっち」とは関係がなかった

「猥褻」という言葉は、よく使われます。何かとても「(性的に)いやらしい」ことを指すというのが一般的な認識だと思います。しかし、そもそも「猥褻」という言葉の意味は、必ずしもいま一般的に使われているようなものではありませんでした。具体的に見ていくと、これについては、(a)本来の言葉の意味、(b)一般の辞書に載っている意味、(c)刑法学で定義された意味の三種類があるのです。まず、現在の私たちにも親しい一般的な意味のほうから見ていきましょう。

『広辞苑』では、「男女の性に関する事柄を健全な社会風俗に反する態度・方法で取り扱うこと。性的にいやらしく、淫らなこと」と説明されています。通常そうした意味で「猥褻」という言葉を使いますね。では、次に本来の言葉の意味のほうを見てみます。

「猥」は、「みだら・みだり」と読み、だらしのない様子、雑然とした様子を指します。そして「褻」は、「け」と読み、民俗学で言うところの「日常」を意味する「ケ」です。対義語は非日常を示す「ハレ」となります。これらが結合した「猥褻」とは、すなわち「庶民の日常生活の中でのだらしない様子」を意味していることになるでしょう。この「だらしない様子」には性に関連した部分もあるでしょうが、語源的には特に性に関連した事柄のみに着目しているわけではありません。

そして、最後に刑法学上の意味です。刑法学で「猥褻」とは「徒《いたず》らに性欲を興奮又は刺戟《しげき》せしめ、且《か》つ普通人の正常な性的羞恥心を害し、善良な性的道義観念に反するもの」とされています。

これら三つを比較してみると、少しずつ意味が違っていることに気が付くと思います。「猥褻」の(a)本来の意味は、広く「だらしない様子」を指しています。しかし、現在の私たちは(b)の「いやらしく、淫らなこと」という意味で「猥褻」を用います。こちらではより性的な事柄に注意した意味になっています。そして、刑法学で用いられる「猥褻」とは、「性について露骨であり、社会の道徳までおびやかすほど深刻なもの」を指します。

刑法学上の「猥褻」という概念を要素として整理すると、「むやみに性欲を興奮させる」「性に関してそれを恥ずかしいと思う普通の人の気持ちを不愉快にし」「世の中で望ましいとされる性に関するものの考え方に反している」という三つの条件を満たさなければならない厳密なものです。

ここで重要なことは、その三つの条件を明確に満たさない限り、刑法的には「猥褻」にならないということです。「猥褻」に当たらない限りは、その行為や表現について刑罰を科されることはありません。逆に「猥褻」に該当する表現は、もはや憲法の「言論表現の自由」によって保護される対象から除外されるものと考えられていますから、その意味でも刑法学で言う「猥褻」に該当するかしないかは、決定的な基準となります。

しばしば私たちは、刑法学で言う「猥褻」には該当しないささいな性表現に対しても「わあ、猥褻だあ！」などと言ったり、「この程度の猥褻な表現なのに逮捕するのは不当なのではないか」などと語ったりしますが、ある表現が「猥褻」であるのなら、刑法学上の理解としては、それはもうすでに規制の対象なのだということを理解してもらいたいのです。

ですから、私は裸体や性行為に関する表現を「猥褻表現」とは書きません。単に性に

「猥褻」の3つの意味

(a)本来の意味	庶民の日常生活の中でのだらしない様子
(b)辞書的な意味	性的にいやらしく、淫ら
(c)刑法学上の意味	「表現の自由」の保護対象外となる要件を満たした性表現

関連する表現なので、もっと色付けのない表現として「性表現」という言葉を使うようにしています。さらに性や裸体を暗示するにとどまっていて、性表現とも言いがたい、その外側にある表現を「性関連表現」と呼ぶことにします。すなわち「性表現」であっても「猥褻」でない表現がかなり幅広く存在するのです。

続いて、法律用語としての「猥褻」についてさらに詳しく考えてみます。近代の日本の法律は、ヨーロッパの国々から強い影響を受けています。ですから、法律用語の意味内容としては、ヨーロッパの言葉の意味についても検討する必要があるでしょう。「猥褻」は英語で「obscenity」と言います。それがどのような表現を指すかについては、国ごとに違いがあるのですが、違法だとされる、おおよそ同じ範囲の性表現を指していると考えてよいでしょう。

このobscenityという言葉は、ラテン語の「obscenum 凶兆/不潔」という言葉から派生してきました。もう少し具体的に言えば「人目につかない薄暗くじめじめした」という意味での「不潔さ」を指します。そういう意味では、日本語での「猥褻」の本来の意味である「庶民の日常生活の中でのだらしない様子」と似た状況を指していたようにも思われます。当然、そうした「不潔さ」は嫌われますので、obscenityは「嫌悪すべきもの、実に不愉快なもの」という意味になりました。ですので、日本語での「猥褻」と同じように、もとの語義には、性規範と関連した意味合いはほとんどなかったのです。

しかし、これも日本の「猥褻」という言葉と同じように、時が経つにつれて「排泄物／性器」という性的な意味も含むようになります。これらの意味の変化は、「排泄物」や「性器」といった、あまり口に出したくない言葉のかわりに「不潔なもの」や「あそこ」などと婉曲表現をしていくうちに、もともと代替的に用いられていたはずの意味に、主たる意味が移ってしまった事例の一つと考えられます。

そもそもキリスト教化される前の古代ローマ文化においては、性を邪悪なものとして把握する観念がありませんでした。たとえば、男性器を生命の象徴と見て、男性器を象《かたど》った小さなお守りを身につけたり、町のそこここに、日本で言うところのお地蔵さんのような感覚で、男性器の彫刻が祀られていました。これは古代ローマに限らず、世界のあちこちで普通に見られていた素朴な信仰の様子です。日本でも同様に、町や村の神様や商売のお守りとして性器を象った像が祀られていました。また、古代ローマでは、人々は性を悪いことだと考えていなかったので、性行為を描いた絵画や彫刻が、ごく普通に室内装飾に用いられていました。

こうした文化を背景に持っている社会では、性は「猥褻（obscenity）」＝「嫌悪すべきもの、実に不愉快なもの」とみなされることはありません。逆に、「性」が「嫌悪すべきもの、実に不愉快なもの」であるような、ある特定の文化的価値から見た場合には、性表現が猥褻であるということになり得ます。すなわち「性行為の描写」がobscenityであるためには、まず性を嫌悪する文化的価値観が存在しなければならないことになります。

英米法の領域では、「性表現」を指す言葉として（上品にほのめかして）「嫌悪すべきもの、実に不愉快なもの」と呼ぶ慣習が続き、これが裁判例として蓄積されていく中で、次第に法律用語としてのobscenityの語義が定まりました。これが背景となって、obiscenityと言えば、日本の法律学で言う「猥褻」とほとんど同じ対象を示すようになり、辞書でもそのように翻訳されるようになったのです。

「ポルノグラフィ」という言葉の歴史的意味

obscenityよりももっと直接的に性表現を指す言葉として、「pornography」があります。日本語だと「ポルノ」と略されていますね。こちらは、もともと明確に性に関連した言葉でした。「porno-」は、ラテン語の「売春婦」に、「-graphy」は、「記述・表現」に由来しています。組み合わせれば、「売春婦に関する記述」ということになるわけですから、こちらは、当初から明らかに性的な表現を指していたことになります。

従って、もとの語義としては、obscenityとpornogrpahyは直接の関係を持たないことになりますが、先に述べたように、文化的にpornographyのある部分が「実に不愉快なもの」とみなされている社会においては、obscenityとpornographyは共通部分を持つことになるでしょう。そして、法律用語としてのobscenityは、ポルノ全体の中での一部分である「不愉快とされ得る性的表現」の中でも、特に「性行為を露骨に描いたものであるハードコアポルノに該当するもの」と定義されているので、そのさらに小さな一部分ということになります。

「猥褻」と「ポルノグラフィ」の関係

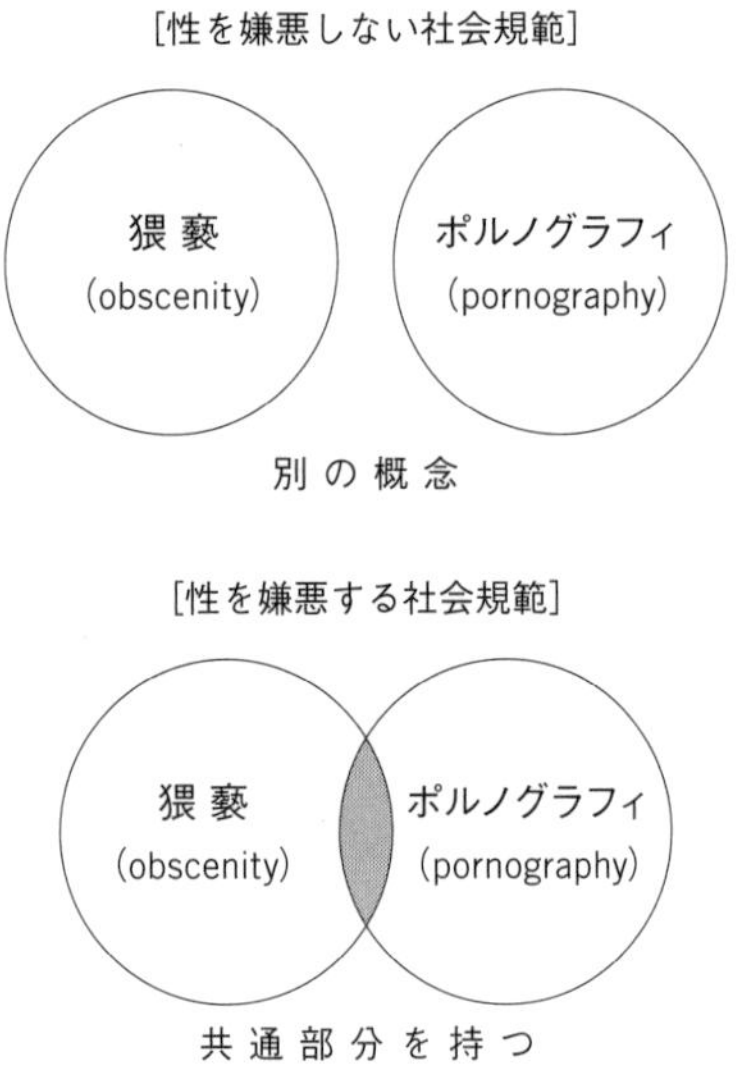

ここでやや面倒なのが「売春婦」という言葉が指し示す対象の変遷です。キリスト教的な貞節観念に乏しかった時代には、女性が複数の男性と関係しても特に問題とはされませんでした。庶民であればなおさらそうです。この段階での「売春婦」という言葉は、一般に職業として性行為を行う女性（ときに男性にも）に用いられました。しかし、どの範囲を「売春婦」と呼び、「売春婦」として扱うのかという規範は、時代によって、また社会によって複雑に変化していくことになります。以下では、たいへん限られた例となりますが、その変化をもう少し具体的に見てみます。

キリスト教以前の社会としては、古代ローマ社会が代表的なものでしょう。古代ローマでは、制度的には人前で異性と接触することが厳しく取り締まられ、身分のある女性が街中などの公的な場で従者を連れずに異性と会ったり、触れたり、手をつないだり、口づけするだけでも「売春婦」として扱われたとされる一方、私的な空間においては幅広く姦通が広まっていて、それが特に問題だとは考えられなかったという、現在の私たちからすると二重基準に見える公私の区別が存在していました。一方、職業としてそれを行う明確な売春婦というだけで白眼視されることはなく、むしろ社会的に必要な存在として認められていました。たとえば、共和制末期のローマの政治家、キケロも次のように述べています。「（売春婦は）健康のためにも、自由身分の女性や子供たちの平穏な暮らしを護るためにも必要な存在であり、ローマでは娼婦は、他の地域と同様、民衆の健康のために役立っている」（アルベルト・アンジェラ『古代ローマ人の愛と性』関口英子・佐瀬奈緒美訳〈河出書房新社、二〇一四年〉、三二四頁）

古代ポンペイの娼婦館のフレスコ壁画

ところが、キリスト教的な貞節観念が広く、かつ強く行き渡った時代には、それが私的な空間で行われたか公的な空間で行われたかにかかわらず、結婚前に男性と性的な関係になったり、または結婚後に夫以外の男性と性的関係を持った女性も「売春婦」と呼ばれました。極端な場合には、性的な関係がなかったとしても、恋愛感情を持っただけでも「売春婦」と呼ばれたりしたのです。

このように見ていくと、歴史的な文献の中で「売春婦」と書かれているだけで、現代的なイメージを思い起こすことはできないことがわかるかと思います。とはいえ、キリスト教的な貞節観念が広がった後にせよ、基本的にはそうした規範を意識していたのは、教養ある中上層階級のみで、庶民は、生物が求める性のあり方により忠実な、あるいは中上層階級から見てだらしないと写るような、より緩やかな性規範のルールに従っていました。

これは議論の先取りになるのですが、近代になって、身分制に対する批判的な考え方や平等主義が広まってくると、中上層階級の人々は、庶民にも自分たちの規範を適用することが望ましいと考えるようになりました。また社会的階層の上昇を望んだ下層階級の人々にもそうした考え方は受け容れられていきました。すると、それまで中上層階級の男女交際の規範から自由であった下層民女性が、一般的に「売春婦」と呼び得ることになってしまいます。19世紀までのイギリスの大都市での状況を見るとき、また当時の中上層階級の非常に厳格な倫理規範から見るときに、下層庶民がそのように表現されることにも、一定の理由があったと言えるでしょう。

するとここで、obscenityという言葉とpornographyという言葉が結び付くきっかけが現れることになります。キリスト教的な価値規範が浸透し、さらに中上層階級の性規範と下層階級のそれとがお互いに衝突（ないしは相互浸透）し合うようになった近代社会の文化的価値から見た場合、下層民の生活状況は「だらしがない（obscene）」ものであり、そうした性的な規範においてだらしない人々の性生活を記述したものであるという意味において、obscenityがpornographyと結び付くことができたわけです。

「下品な表現」の指し示すもの　確たる根拠はない

さらに加えて、「indecent」という言葉も紹介します。indecentは、「decent きちんとしている／整っている」の対義語で、「無作法な／品のない」というような意味となります。辞書には「猥褻な／淫らな」という訳も出ていますが、先に説明したとおり、法律用語としての「猥褻」はきわめて厳密な要件を持つものなので、これはindecentの訳語としては不適切だと言えます。従ってこの本では、法律用語として一般的な「下品」という訳語を当てます。

刑法学上の「下品な表現」とは、性表現と性関連表現のうち、刑法学上の「猥褻」に該当しない、憲法によって保護され得る一般的な言論表現の自由の枠内にある表現であるとされています。繰り返しになりますが、「猥褻」は言論表現の自由の範囲に入らない、刑事法によって処罰対象となる表現とされていますが、「下品な表現」は言論表現の自由の範囲に入り、成人であればそうした表現に触れても問題とならないとされています。しかし、未成年やそれを望まない人が「下品な表現」に触れずに済むように、政府が一定の規制をかけてもかまわないものとされているのです。

　日本には、法律的にこの「下品な表現」という範疇がないので、アメリカに比較して「猥褻」とされる範囲が広く設定される一方で、猥褻でなければ法的に抑制する根拠がないため、広く性表現や性関連表現が市中に出回る結果となっています。こうした問題に対処するために、法律ではなく、各都道府県の迷惑防止条例や青少年健全育成条例がつくられ、猥褻には該当しないものの、一般的に望ましくない（と為政者が考える）表現を、一般市民の日常的な空間から

刑法学上の「猥褻」と「下品」の関係

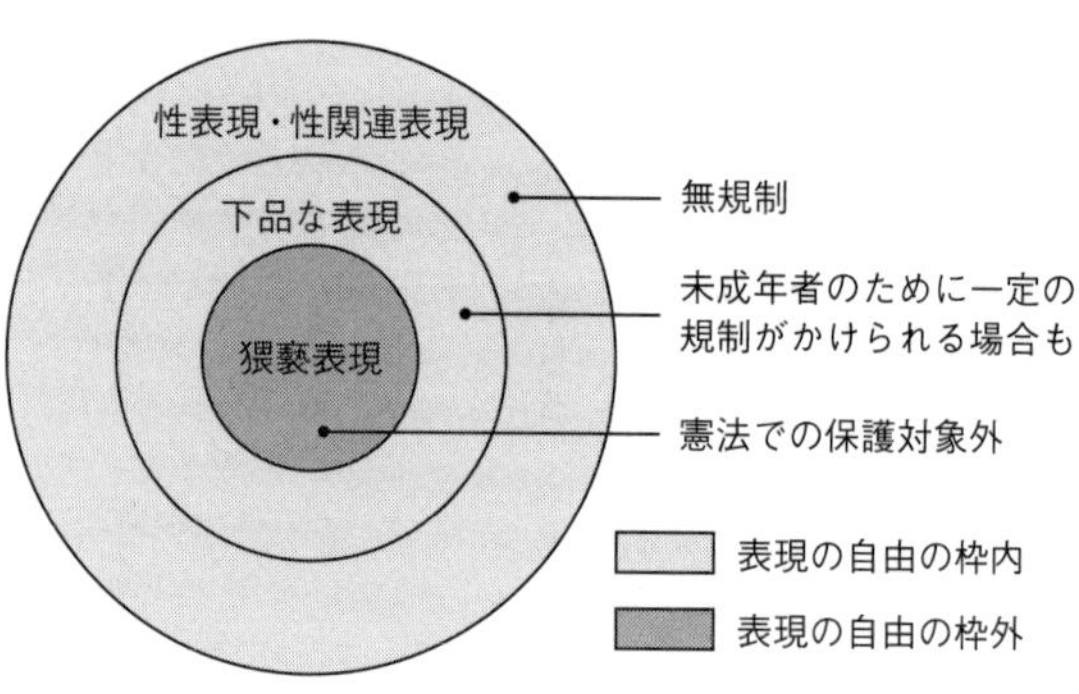

排除することになっています。

先に述べたように、indecentは、そもそもdecentの対義語として存在するわけで、「では上品（decent）とは何か？」ということもまた問題となります。indecentという概念は、decentという概念がなければありえないわけです。のちに詳しく取り上げますが、この「上品」という概念は、とても文化依存的なものであり、普遍的で固定された内容を持つものではありません。当然、その対義語である「下品」もまた同じということになるでしょう。それゆえ言論表現の自由といった利益を超えて、迷惑防止条例や青少年健全育成条例などで規制をかけることを正当化するだけの具体性を持ち得ないとも考えられます。

性＝聖という解釈

「性」に関しては、それが「いやらしい／汚らしい」と認識される一方で、「神聖なものである」という認識もよく主張されます。こうした場合、「性（聖）」は、善悪いずれの評価にしても、「特別なもの」すなわち、日常生活の常態を逸脱したものとして把握されていることには、変わりがないということができるでしょう。しかし、性と聖が結び付くというのは俗説です。その本来の意味においては、このふたつはまったく関係がありません。

それらの関係については、小谷野敦の『日本売春史』（新潮選書、二〇〇七年）で詳しく検討されています。詳細はそちらをご覧いただくとして、ここではその概略を示すことにします。まず、「神聖／聖なるもの」という現代の語義や用法と、もともとの「聖」という漢字の示すものが異なっていることが指摘されています。「聖」は、「知徳がすぐれて事理に通達している人」を指す言葉です。たとえば「聖人」が、徳の高い為政者を指したことなどが本来の用法となります。転じて、高徳の僧もまた「聖」と呼ばれるようになりました。ここでようやく宗教との関連が出てくることになります。

この展開からわかるように、「聖」には、もともと宗教的な「崇高さ」という意味はありません。明治期に移入された、キリスト教の「saint／sacred／holy」の概念に「聖」の字を当てはめたため、キリスト教における「神聖な」という意味が逆に「聖」に移入されたようです。

また、同著では、対義語としてよく用いられる「俗」という言葉についても注意が促されています。「俗」の対義語は、「聖」ではなく「雅」であり、「俗」は「一般の世の中のありさま」という意味が本義です。「雅」が洗練された美であるのに対し、「俗」は、醜いという強い意味ではなく、「日常的な凡庸さ／退屈さ」を中心的な意味としています。そうであるならば、先の「褻《ケ》」と同様に、「日常的なだらしない状態」を指すものと考えてもよいでしょう。

また「性」という漢字についてみれば、「明治以前の日本では、セックス、セクシャリティの意味は全くなかった」と同著で説明されています。「性」という漢字は「傾向や属性」を指す言葉であり、それ自体が「sex」にかかわる言葉ではなかったのです（現在でも、たとえば「方向性」といった言葉にもとの意味が残っています）。さらに言えばsexという単語についても「身体における性差」が意味の中心であって、これが性的な事柄、ひいては「性交」を意味するようになったのは、二〇世紀に入ってからとも、同書で説明されています。たしかに、古い時代の性交に関する記述を見ると、「coitus」という「結合・交尾」を意味するラテン語が使われています。

従って近代日本で、現在で言う性的事柄にかかわる用語である、「性欲」「性愛」「性科学」「性教育」の「性」は、「性交（coitus）に関する……」というよりも、「人の（避けがたい自然の）傾向」という趣旨で造語的な要素として用いられたと考えたほうがよさそうです。つまり、造語の指し示す対象の意味から、逆に「性」の意味が変更されたと考えられるわけです。これは、先の「聖」の場合と同じ仕組みが働いたと言えるでしょう。

②「猥褻」とはそもそも何なのか　道徳よりも先に政治と経済があった

さて、ここまでは言葉の定義について考えてきました。そこでも示唆したことですが、「猥褻」「ポルノグラフィ」「下品」という言葉の現代的な意味は、もともと特定の階級や宗教においてのみ保持されていた規範が、庶民にも適用される過程で生まれてきたものなのではないか、ということが本書の仮説です。この仮説に基づけば、ここには「支配／被支配」という政治的な事情がかかわっていることになります。

性規範の政治・経済上の意義　「えっち」すぎると財産相続で困る

貴族や富裕な市民からなる上層階級が、政治的支配権力を背景に、自らの生活規範を「望ましい規範」と定義することは当然です。教義としては徹底した「神の前の平等」を掲げていたキリスト教もまた、いったん上層階級に受容されると、原典には存在しなかったさまざまな要素が付け加えられるのみならず、上層階級にとって「望ましい規範」を持つ宗教へと変容していくことになります（※注1）。壮麗な建築や豪華な典礼や純潔思想は、こうしたキリスト教の変容の過程の中で追加されたものです（※注2）。それらの提示する「望ましい規範」は、そもそも庶民や貧民には実行困難なものだからこそ、階級を区別するための「標《しるし》」として機能することになったのです。

さて、上層階級が形成され維持（再生産）されている理由は、彼らが親から子へと受け継がれていく莫大な相続財産を継承しているところにあります。ここで言う相続財産としては、土地や家屋のような具体的なもののみならず、社会的地位、技能や信用といったものも挙げられます。ここで、上層階級にとっての「望ましい規範」とは、どういう機能を持ったものなのかを考えてみましょう。すると、当然のことながら、彼らの社会的な地位を保証する相続財産を安定的に継承・維持し、発展するような規範ということになるでしょう。つまり、政治や経済上の必要が先にあって、後からそれを支えるような道徳がかたちづくられていくというわけです。

すると男性についても女性についても、財産継承者が確定するまでは、抑制された性生活が要求されることになります。というのは、財産を受け継ぐ立場にある子孫が多数存在することは、財産の分散や相続争いをもたらすことになるからです。特に結婚して世継《よつぎ》を産むまでの女性の性的な純潔には、大きな価値が置かれることになります。生まれる子供が、財産の継承権を持つ男性の血統を継承していることを確実に担保するためにです。

また、上層階級においては、結婚に伴ってやり取りされる財産が、相続に次ぐ大きな財産移転の機会であったため、当然、婚姻制度に大きな関心を払うことになります。このため、上層階級において、一族中の未婚の女性の身体を管理し、結婚の時点まで純潔を維持させることは、財産管理とほとんど同じ意味を持つことになります（※注3）。また、そうして一族を管理することが、男性らしさまたは男性としての能力であるとみなされるようになると、女性の純潔は、一族の名誉とも関係してくることになります（※注4）。

こうした経済的な利害を理由とする結婚についての規範に加えて、宗教的な価値観が結婚にさまざまな規範を付け加えていきます。一番大きな変化は、一三世紀以降に教会が認めない男女の結合が、宗教的および法的に正式な結婚ではなくなったということです。宗教的および法的に正式な結婚でなければ、それを基礎として財産関係を結ぶことができなくなりますから、これが大きな影響を持った出来事であったことは容易に推測できます。

詳しくは後の章（第二章）で説明しますが、一二世紀までのヨーロッパ世界では、結婚は宗教とは無関係の領域の事柄であり、家族と家族の間の契約や取引と同じような位置付けでした。ところがその後、キリスト教の「結婚は解消不能な両性の絆」とする教えを足がかりに、結婚を教会の支配下に置こうとする努力が活発になっていきます。一三世紀の第四ラテラノ公会議以降、結婚は、「秘蹟」と呼ばれるキリスト教でも特に重要とされる宗教儀礼の一つとなりました。教会が、信徒たちの望ましい家庭観を物理的に保全するために、一夫一婦制の確立を推進したことも相まって、これ以降、結婚・家族・相続が、聖職者が介在する教会制度やキリスト教道徳の中に全面的に組み込まれていくことになります。特に女性については純潔と貞潔が強調され、家族秩序の維持のため、夫に服従すべしという規範が強化されていくことになりました。

一方、財産を持たないため、上層階級が設定する「望ましい規範」を実行する必要性のなかった下層階級は、その「望ましい規範」を実行しないがゆえに、劣等な存在だとされることになります。下層階級は相続財産を持たないため、財産を継承していく血統よりも、日々の生活を維持する経済単位としての「家族」が重視されていました。この場合の家族には、実際には血族関係にない者も多く含まれていました。血統を意識する必然に乏しい下層階級においては、性的純潔がそれほど重要な価値を持たないのも当然のことです。従って下層階級の男女は、成長に伴って連続的に、児童の遊びから性的な要素を含む遊戯へとすすむことになっていました。

下層階級の人々は、男性も女性も生きるために労働に従事するわけですが、女性の場合は、職種が極めて限定されていて低賃金に抑えられていました。そうした女性の職種の中で、職業訓練が不要で単純な職業でありながら、比較的高賃金の職業として売春が存在したことは否定できません（※注5）。

こうした下層階級の生活そのものが、上層階級の規範から見て「下品」であり「猥褻」

とされたのは自然なことと言えるでしょう（※注6）。また、先にも述べたとおり、ある人物が下層階級から上層階級へと階級上昇を試みるとき、上層階級の規範を上層階級の人々以上に尊重するという態度がしばしば現れます。「スノビズム（snobism）」というものはこうした過程において見られるものです。階級上昇に成功した人物こそが、「望ましい規範」のもっとも強力な賛美者かつ唱道者であり、また自分より下位の階級を蔑視するのです。近代に入ってから、私たちの社会に起こったことはこのような変化です（※注7）。

これは、それまで政治的な権利を持たなかった庶民が、政治的な自由を獲得していく過程とも関連しています。近代化、そして世俗化の過程が進む中で、これまで特定の宗教や階級と結び付いていた規範が、本来の必然的な理由から切り離されて、ちゃんとした「一人前の人間」の行うべき行為規範として一般化、すなわち道徳化していくわけです。

やや長くなりますが、ローレンス・ストーン『家族・性・結婚の社会史』（北本正章訳、勁草書房、一九九一年）から関連する部分を引用します。

> ひとつの決定的に重要な展開は、企業家精神に富んだ富裕なブルジョワジーが経済的に高い地位に、そしてまた限られた程度ではあったが、政治的及び社会的に高い地位にのし上がってきたことであった。（中略）とりわけ、彼らは外面的品位を達成しようとするその努力の点で、とくに家庭生活の場面で、宗教的あるいは世俗的

な道徳についての大衆向けの教訓説話の影響を受けやすかった。彼らは、経済的および専門職業的成功によって、かつて彼らが抜け出てきた階級の文化的停泊地から纜《ともづな》を解いて漂流したために、自分たちの新しい生活条件に最も適切と思われるものなら何でも採用する。彼らがその時代に流布していた教訓説話の貪欲な読者であったのは、その識字能力の水準が高く、道徳目的の感覚があったためであった。彼らは、自らも上昇移動していたが、自分の子どもの世話をし、おそらく彼ら自身は欠いていたであろうエリート教育の恩恵を子どもたちに与えることに腐心していた。（同前、二一二頁）

私は現代社会における性規範の起源は、このあたりにあるのではないかと考えていますが、そのことについては第三章で詳しく述べることにします。

財産を受け継ぐ秩序　「えっち」すぎると財産相続で困る（その2）

さて、「家族」の形態は、時代により地域によりさまざまです。私たちが一般的な家族だと思っている、父親・母親・子供たちでかたちづくられる核家族は、日本においては、ほんの数十年間主流だっただけであり、必ずしも家族に血縁関係が存在しなければならないわけではありません。これまで、「家族」として認識されていたのは、血縁関係、姻戚関係、主従関係を持つ人々の生活集団および祭祀集団でした。

私たちは、「家」を「家屋」の意味で把握することが多いのですが、制度としての「家(familia)」とは、財産を保有する、またはなんらかの利益を得る社会的地位を保有する集団を意味しています。すなわち「家」とは財産の維持と継承を本質とするものです。従って、継承すべき財産を持たない庶民にはそもそも「家」の感覚がなかったはずです。

さて、「家」が財産の継承を本質とするのであれば、その財産の継承順位が最大の関心事になるのは当然です。この継承順位を定める仕組みが、家族制度というものです。正式な妻から産まれた、「家」の財産を継承する立場にある子供たちを「嫡子」と呼び、そうでない女性から産まれた、財産を継承する立場にない子供たちを「庶子」と呼びます。「嫡」とは、夫と対等の地位にある宗教上・法律上の正式な妻のことを指します。

相続では、制度上正式な妻が出産した嫡子が出生順に優先されます。嫡子がいない場合は(あるいは、その必要が説得できる場合には、嫡子がいる場合でも)、養子縁組によって任意の人物を嫡子とすることもできました。財産を掌握する男性である家長と性交渉を持つ女性のうち、誰が正妻であり誰がそうでないかを明確にするために、政府の定めた手続きである婚姻制度や、宗教の定める儀式である結婚式が必要とされるのです。正妻が確定すれば、彼女から生まれた子供は、彼女が他の男性と性交渉を持たない限り、家長の嫡子であることが保証されることになります。

前項からの繰り返しになりますが、ここが要点になります。男系で財産が継承される制度において、女性の純潔や貞節は財産継承秩序の鍵となります。そもそも継承するような財産がある家は、社会的な支配階層でしょう。逆に社会的な支配階層には、継承すべき財産があるとも言えるでしょう。こうして、上層階級の女性たちは、財産継承の仕組みを安定させるために、性的純潔や貞節を要求されることになります。そして純潔や貞節の維持に失敗した女性は不名誉とされることになります。

男性についても、財産継承秩序がその性規範についての理由となり得ます。乳幼児死亡率が高い社会においては、財産継承の仕組みを安定させるために、すなわち男子継承者が誕生する可能性を上げるために、正妻の他に複数の女性と性関係を持つ事例はよく見られます。ところが、複数の同年齢の男子が並び立つ事態となれば、財産継承の紛争が生じやすくなります。ですから、正式な妻以外の女性との性関係は、財産継承に必要な最小限にとどめるべきということになるでしょう。こうして過度の性的放蕩は、上層階級の男性においても非難の対象となり得ることになります。

さて、ここで疑問に思われる読者の方もいるかもしれません。「家」が単なる財産継承の制度であるのなら、血縁がそれほど重視される理由は何だろうか、と。

もっとも強固な血縁関係だと認識されている親子関係にしても、戦前までの日本では、現代の我々の感覚からすれば、かなりたくさんの養子縁組みの事例があります。公家でも武家でも商家でも豪農でも、長い家系を維持している「家」で養子縁組みを用いなかった家系はないのではないかと思えるくらいです。近代に至るまでわが国においては、歴史的連続性を持つ「家《イエ》」の存続が最重要であり、遺伝的または血統的な意味での継承性は、絶対視されていなかったようなのです。

このことは、欧州でも同様でした。というのは、医学的な意味での遺伝の法則が明らかにされ、遺伝的継承関係を認識するようになったのは、二〇世紀に入ってからだからです。すなわち、メンデルの法則が発見されたのが一八九五年で、血液型について発表されたのが一九〇〇年です。それ以前の時代、夫の側では、自分の妻が産んだ子が自分の血統を継いでいるか否かを確定的に知る方法はなかったわけです。それを確実にしようとすれば、夫による妻の性の厳格な管理が必要になります（ここから、「性に関する望ましい規範」が生まれたことは先に述べたとおりです）。ただし、妻に自由意志がある限り、それを徹底することは困難な試みになるでしょう。制度上の妻が産んだ嫡子の父親について、仮に疑念があったとしても、それにこだわらない態度をとった夫も多数いたはずです。

とはいえ、血統をその正統性としない相続は、あくまで非常手段です。男系相続をあたりまえだと考えている社会において、もっとも望ましいあり方は、父親から息子へと疑いのない血統が継続することでした。循環論法になってしまいますが、これが紛争がもっとも少なく、誰をも説得することができる正統な方法でした。一方、養子への相続は、仮に継承権を主張する人物が他にいる場合には、養子による「家」の継承を正当化するだけの強固な理由なり後ろ盾が必要でした。

これらのことをふまえて、逆に考えれば、財産の継承を意識する必要のない階層において、純潔や貞操といった価値観がほとんど必要ないことを示しています。財産を持たない庶民階層が日常生活維持のための経済的ユニットである「家族」を重視したこと、そしてその「家族」が血族関係にない者までを含んでいたことについては、すでに述べたとおりです。そうであるなら、性に関して制度を尊重し服従する態度、すなわち禁欲的態度と、これに対して性について緩やかで自由な態度が、上層・下層を分割する「標《しるし》」として機能することになることがわかります。私は、庶民階層における「性的な緩やかさ、自由さ」が、「猥褻（庶民的でだらしない）」や「obscenity（薄暗くじめじめして不潔である）」という概念と、性的なものを結び付けたと考えています。ここで、上層階級の規範観に合致するものが「上品（decent）」であるとすれば、庶民階層のありさまは「下品（indecent）」ということになるでしょう。

庶民すなわち猥褻　上層階級の「えっち」は猥褻ではない

先に私は、財産継承に関する必要性からこそ、性的な規範の尊重が要求されると言いました。しかし、読者には「いわゆる上層階層においてこそ性的な奔放さが見られたのではないか」と指摘する方もいるでしょう。すでに見たように、財産を保有する階層においては、財産の継承者を準備しておくことが必須でした。ですから、彼ら（上層階級の男性）にとっては、性行為こそが重要な仕事であったと見ることができるのです。また、彼らには十分な富がありますので、財産の継承者がきちんと決まっている限り、性行為に惑溺したところで妻子を苦しめることもありませんでした。ゆえに、財産の継承者がきちんと決まっている限り、彼らの階層において、性行為を制約する理由は特にないということになります（とても重要な前提条件なので「財産の継承者がきちんと決まっている限り」という文言を二度繰り返しました）。重要なことは、ただ一つ。財産継承者である男子の血統を疑いなく明確にするため、上層階級の女性において、結婚して最初の男子を産むまで、より厳格な純潔が求められるだけだったのです。ただし、性について自由な階層であっても、養生術といった自己の管理に関する知識や技法として、性行為を一定の様式に抑制することは、広く行われていましたし、また、健康と衛生と子孫繁栄という上層階級の美徳を実践する目的として性の管理が行われた面もあります。

さらに、「猥褻（obscenity）」の意味が「庶民の日常生活の中でのだらしない様子」「薄暗くてじめじめして不潔な」だということからわかるように、上層階級の性行為は、猥褻ではなかったのです。貴族たちが同輩身分の間で婚外の性行為を行っていたとしても、それは美しく上品な様式を伴った「遊戯」や「宮廷愛」として取り扱われました。「我々のえっちは上品なえっちだからして、ちっとも猥褻じゃない！」というわけですね。そもそも「猥褻＝えっち」というのは本来の意味ではないわけですから当然です。

ヨーロッパで宮廷愛が成立したのは、一二世紀頃とされます（※注8）。これ以前のヨーロッパ社会では、男性による女性の略奪が結婚の様式として認められていたのですから、恋愛という感情が存在したとしても、男性から女性への一方的なもので構わなかったのだと考えることもできます。とはいえ、古代ローマの法では、結婚において「結婚の意思」の有無が問題とされました。ただし、それは一般的な契約における「意思」と同じ程度の重要性しかなかったようです。やがて、それは両性の感情的な愛情と理解されるようになり、両性の感情的な愛情による合意が決定的な意味を持つように変化していきます。すると、恋愛は男性から女性への一方通行ではなく、「求愛」というかたちで、女性の愛を求める男性の働きかけとして変形することになります。ここにおいて恋愛は、敬意と懇願を通じて、男性が女性に精神的に受け容れられることを切望する表現様式となるわけです。

これを理論付けた一二世紀の司祭アンドレアス・カペルラヌスは、『宮廷風恋愛の技術』（ジョン・ジェイ・パリ編、野島秀勝訳、法政大学出版局、一九九〇年）において、恋とは徳を高めることのできるものであり、恋愛と欲望は分離すべきものであるとしました。彼は、欲望から発する恋愛を徹底的に批判し、「財産や性を目的とする恋愛は成立しない」と主張することで、逆に宮廷愛を道徳的なものと位置付けることに成功したのです。実際にはこうした宮廷愛も十分に性的要素を含んでいたのですが、様式的・儀式的な行為として宮廷愛を実行することで、「精神的に高尚なもの」として宮廷愛を位置付けることに成功したわけです。

こうしたさまざまな性愛に対する規範こそが、もとは財産の継承秩序を維持する目的から生じてきたことを考えると、カペルラヌスの思想はとても皮肉です。しかし、こうして理想化された観念的・道徳的な恋愛観それ自体も、自らを下層階級から弁別するための政治的な機能を含んでいたということは、先に見てきたとおりです。

しかしながら（だからこそ、というべきでしょうか）、この宮廷愛は文学として語られる以外、現実にはほとんど成立しなかったものだったようです。むしろ、結ばれぬ男女の悩みと苦しみを主たる内容とした宮廷愛の物語が成立するためには、公式に決して成就しない恋愛――不倫が前提となるのです。すなわち、道徳的・精神的なものに高められた宮廷愛が実践されるためには、逆説的に不倫が基盤として存在することになるのです。宮廷愛は、恋愛の理想として芸術的に表現され、あたかもそれが存在するかのように語られることで、庶民の性愛を「猥褻」として軽蔑する貴族層を擁護する根拠として機能した、というのが実際のところでしょう。

それでは、上層階級がかかえていた性愛に関する深刻な問題とは何だったのでしょうか。それは――不倫でも同性愛でもなく――下層階級の身分の者との結婚だったのです。上層階級の男性においては下層の身分の者を性の相手とすることは広く行われましたし、その対象となった下層の身分の女性には多くの庶子も生まれましたが、それはよくある話として、まったく問題にされなかったようです（※注9）。古代ローマにおいては、奴隷は道具であったので、彼らを性の道具として用いても奇異だとは考えられていませんでした（※注10）。ちなみに、猥褻文書事件の対象として有名な『チャタレイ夫人の恋人』が「猥褻」とされたもっとも大きな理由は、性描写が露骨であったことよりも、上層階級の女性が庶民階級の庭師と恋愛関係・肉体関係になったことにあると思われます。仮にチャタレイ夫人の恋人が貴族階級の男性であれば、昔からよく描かれた恋愛物語として把握されたのではないでしょうか。

このように、上層階級の男性においては、下層身分の者との性交渉は普通に見られることでした。ところが、これが社会的地位と結び付く結婚となると話が違ってきます。身分違いの結婚については、「貴賤結婚（morganatic marriage）」として法的に結婚が制限されたり、なんらかの法的・社会的不利益が与えられることがしばしば見られました。

たとえば、わずかな婚姻禁止規定しか持たなかったゲルマン法においても、身分違いの場合の結婚は厳格に禁止されていました。ザクセン人にあっては、貴族と平民の結婚の試みは死刑とされました（※注11）。これは、貴族階級に猥褻な庶民階級が入り込んでくることが忌み嫌われたからでしょう。

逆に、上層階級において、「釣り合いがとれた」と評価される結婚のほとんどが、財産や軍事を理由とした政略結婚でしたから、財産継承者である男子が誕生すれば、結婚の目的は果たされたことになります。夫と妻との間に恋愛感情があることはむしろ珍しく、通常の場合、それぞれが別に恋人を持っていました。すなわち、結婚と恋愛がまったく分離していたわけです。こうして見てくれば、結婚が財産の継承に関係する制度であり、人間の精神と肉体の歓びである恋愛とは別のものであることがわかるかと思います。

また、「猥褻」概念が下層階級の生活態度と強く結び付いているのならば、たとえ全裸の女性が描かれていたとしても、それが神話の女神や貴族階級の女性を芸術家が美しく描いたものであれば、pornography でもなければ、obscenity でもないことになるのも、容易に理解されるところです。

事実、西洋の裸婦像は、たとえ愛人や売春婦がモデルであったとしても、描かれている人物が、神話上の人物や歴史上の人物であると設定することで容認されていました。一九世紀にアングルやドラクロワがそれらの設定によって裸婦像を描いても問題とされなかったのに対し、マネが「草上の昼食」において、同時代の市民の日常風景の中に裸体の女性を描きこんだとき、「猥褻だ」との非難を浴びることになったことが、「猥褻」概念の本質を説明しています。当時の常識では、着衣の男性たちが寛いでいる場所で裸体でいる女性は、売春婦だったからです。

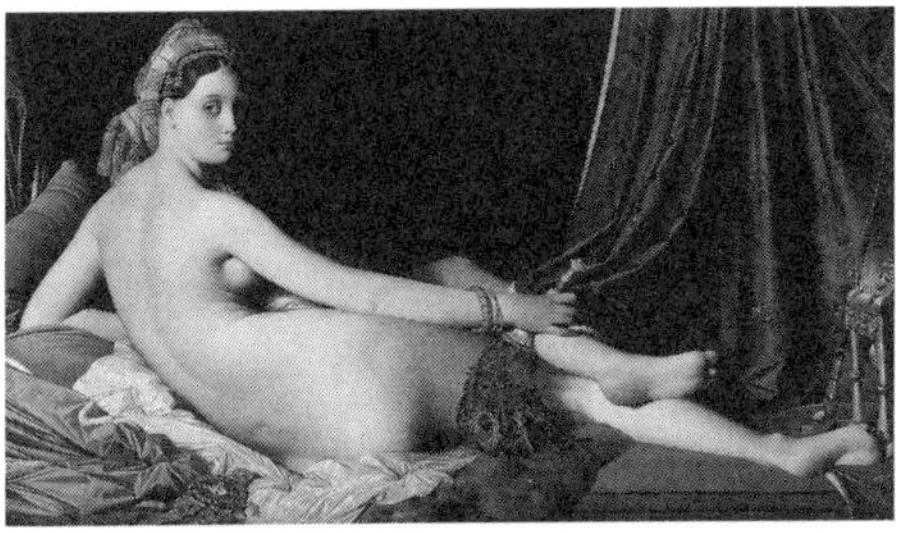

ドミニク・アングル〈グランド・オダリスク〉（1814年）

エドゥアール・マネ〈草上の昼食〉（1862-1863年）

③第一のまとめ

ここでいったん、これまでの議論をまとめておきましょう。まず、「猥褻（obscenity）」とは単に「えっちなこと」という意味ではなく、歴史的には、庶民の日常的なだらしない生活の様子を指す言葉であったこと。法律学的な言論において、性規範や性に関する表現について間接（婉曲）的な言い方として「猥褻」が用いられる中で、「猥褻」が性表現の中でも「もっとも露骨であからさまなもの」を指す用語として定着したこと。この二つが「猥褻」という用語について留意すべき点となります。

続いて、庶民の日常生活のありさまを指す「猥褻」に性交に関する意味が加わってきた理由は、上層階級の性に関するある程度厳格な規範に対して、下層階級の性に関する規範がたいへん緩やかであり、この性に関する規範が階級を分ける標章として機能してきたためであること。また、上層階級の性について、上層階級自身が固有の様式を生み出してこれを優雅なものとして位置付けたのに対し、様式を欠いた下層階級の性の営みを「汚らしく嫌悪すべきもの」と位置付けたこと。この二つが「猥褻」が反社会的な存在と見られるようになった理由となります。

さらに、こうした上層階級の性規範がなぜ生じたか、という点については、それが財産継承という政治・経済上の必要性から生じたということも説明しました。

第二章（歴史編）

「性《えっち》」の比較社会論

①性はどのように位置付けられてきたか

さて、「猥褻」が、庶民の日常的な性生活を嫌悪した感覚から生じたことは説明しましたが、それが悪として認識される背景には、どうやら「性」そのものがなんらかの悪であるという感覚が存在するようです。なぜなら、下層階級の日常的なだらしない生活は、本来性生活に限定されるものではないはずなのに、現在「猥褻」という言葉で、ことさら性生活があげつらわれているからには、それが典型的な悪徳と見られていたからに違いありません。

ここでは、性そのものが悪徳として位置付けられていく様子を見てみましょう。

自然の信仰ではどうだったか　「えっち」は共同体の中に居場所を持つ

これまで存在した社会秩序および自然信仰（体系化された経典を持たない信仰）において、根本的に性を否定したものを、私は知りません。ただし、初期のキリスト教教団の一部に、性行為を禁じたものがあったということは知っています。ですから、性行為を悪と把握する信仰もありうるわけです。キリスト教の異端であるグノーシス派やカタリ派は、「善である霊」と「悪である肉体」という二元論に立ちました。このため、現世を悪と把握し、現世との関係を絶って禁欲を維持することが天国に至る道だと考えていました。この厳格な禁欲生活を行ったのは指導者層の一部だったようですが、教義からして、このような信者の集団が永続するとは考えにくいでしょう。それらの諸派は、カトリックから異端として排除弾圧されたこともあって、短期間に消滅しています。

古代の共同体の社会規範においては、性は次世代を産み出し世界を存続させ共同体を強化するものであるがゆえ、共同体秩序における「特殊なもの」（※注1）として尊重される、というのがむしろ自然な発想でしょう。多くの共同体では、陶酔をもたらす向精神薬物の使用や舞踏や儀式が、「超越的な存在との交流」をもたらすものとして、特別な日の特別な条件のもとに、共同体の指導者層によって管理されています。それらは、神秘的で超自然的な事柄ではありますが、「聖／俗」や「善／悪」の二分法的な意味での聖であり善である事柄とは限りません。しかしながら、それら向精神薬物の使用や舞踏や儀式と同様に、性行為や性的な事項は、我々の精神に作用し陶酔をもたらすものですし、その結果として子供を出産する神秘と結び付いているのですから、当然これは、共同体の秩序の中に位置付けられ、特定の儀式、制度、時間や場所の制限を受けることになるでしょう。ここでの性行為や性的事柄は、先に言及した財産継承を中心とする社会的婚姻とは次元の異なるものです。

こうした性的関係に関しては、説明を必要としない慣習上の「禁忌（taboo）」として規範が尊重されました（※注2）。しかし、この段階においてそれが禁じられる理由は、性的な興奮を招くとか、青少年が堕落するとか、そうした理由ではありません。それは、共同体における自然信仰を基礎とした秩序を侵すゆえに禁じられ、違反者には処罰が下されたのです。

日本ではむしろ、人々の信仰生活を指導し支配してきた神社や寺において、儀式または祭りの一貫として性行為が行われていた、という事実があります。これは、現代の我々の価値観からすれば猥褻なことであるかもしれません。しかし、当時の共同体秩序において、それらの儀式や祭りが、正当かつ必要なものとして制度化されていたのであれば、なんら秩序を脅かすものでなく、むしろそれを強化するものとして、尊重され運営されていたと言えるでしょう。たとえば、赤松啓介の『夜這いの民俗学・夜這いの性愛論』（ちくま学芸文庫、二〇〇四年）という本には、私が幼い頃、なんとなく腑に落ちなかった大人たちの様子を説明する、日本が伝統的に維持してきた性慣習についての驚くべき記述が多数掲載されていますので、一読を勧めます。付け加えれば、共同体秩序の禁忌の枠内で営まれる限り、性行為は、人々にとって食事や睡眠と同じほど自然な営みであったことも忘れてはならないでしょう。

しかし、自然信仰から離れて、キリスト教などの啓示宗教の教義が普及していく中で、だんだんと性を悪徳とみなす視線が定着していくことになります。とはいえ、それは現在のような「えっちなのはいけないと思います！」という視線とも少し異なるものでした。たとえば、ヨーロッパでは、一二世紀頃から一九世紀に至るまで、性的な事項の裁判管轄が、教会裁判所すなわち宗教的権威の管理下にありました。多くの他の宗教と同様に、キリスト教にも「正しい性のあり方」に関する規範が数多くありましたが、ここで禁圧の対象となったのは、あくまでそうした規範から逸脱した性行為であり、そうした逸脱した性行為を表現したものでした。ここで注意すべきことは、規範に従わないことが「神を冒涜するものであるから」という理由で禁圧されたということであり、「性的興奮」や「いやらしさ」は、問題ではなかったということです。すなわち、現在の猥褻規制とは似て非なる理由に基づいていたわけです。「いやらしさ」そのものが問題になるのは近代に入ってからのことなのです。

前章の議論を繰り返せば、社会が近代化していく過程で、下層階級における性行為の日常性が、「庶民の日常生活の中でのだらしない様子」「薄暗くてじめじめして不潔な」、すなわち「猥褻」という上層階級からの評価を導いたのです。まして、上層階級の信仰と下層階級の信仰が分離している場合――たとえば上層階級がキリスト教を信仰し、下層階級が伝統宗教を維持している場合――には、なおさら下層階級の性のあり方が、「猥褻」すなわち「たいへん不愉快なもの」であると評価されることになるでしょう。それは望ましい社会規範に反したあり方なのですから。

古典的な哲学ではどうだったか　自然に善悪はない

古代のギリシャやローマの哲学は、自然神的・多神教的世界観を基礎に、自然に成立している世界は調和しており、そこで起きる事柄には、本質的に善悪の区別が存在しないのだとしています。そこでは善悪や快苦は、人間の不完全な認識による主観にすぎないものと説明されます。

またその哲学は、神が人間に神的な属性の一部である理性を与えて、その他の動物と区別したことから、動物に近い本能や肉体に対して、神に近い理性的精神の優位を主張し、人間の本質を理性的精神にあるとします。ここで言う理性的精神とは、本質的に集団を形成し支え合う存在である我々の公共善を実現しようとする意思のことです（※注3）。

こうした考え方を前提にして、現世における人間のもっとも重要な課題は、動物的な肉体の誘惑から遠ざかり、自己の理性的精神を、神の秩序と調和的にかつ純粋に保つということになります。また、自然に存在するものが神の被造物として調和するのに対して、人間が作り出す有形・無形のあらゆるものは、不完全であり一段階低いものとして把握されることになります。まして、自然の進行を妨げ、自然に反し、自然を改造することは、神への冒涜として把握されます。

さて、先の「世界が調和している」という信念から、次のことが導かれます。人間を含む生物が生殖することは、そのように神が生物を造った以上そうあるべきです。従って、一定の成熟期間を過ぎ、肉体的に生殖活動が可能になったのであれば、生殖活動を行うことに本質的な害悪があるはずがないことになります。

たとえば、古代ローマにおいては、男女ともに生殖可能になると、成人として扱われました。その年齢は男女ともにおおよそ一四歳から一六歳でした。ただし、経済的・政治的理由を背景とする結婚については、極めて幼い年齢の頃から婚約し、女子については結婚も一二歳頃から行われていたと言います（※注4）。ちなみに、この頃のローマ人の平均的な寿命は、男性で四一歳、女性で二九歳であったようです（※注5）。

生殖能力を獲得すると成人として扱うという仕組みは、むしろ自然なもので、多くの民族で採用されていたはずです。これは日本でも同様でした。こうした自然がもたらすものに沿って生きるあり方は、その他の生老病死等の現象についても同様であり、古代の自然哲学は、我々の感覚器官に生じる刺激に対して、それらを泰然とあるがままに受け入れて、内心の理性を不動とすることを要求しています。

一方、「理性的精神を保ち、動物的欲望を抑制すべし」との観点からすると、性は適度に抑制されるべきことになります。人間は理性的に生きることをなによりも重要な目的とすべきところなのに、動物的情欲や感覚器官の快楽は、そうした理性の行使を妨げてしまいます。従って、欲望や快楽に関連する事柄は、それ自体が害悪なのではなくて、多くの人々にとってそれらが、没頭し惑溺し、理性を失わせる原因となる場合に害があるものと考えられることになります。あるいは、理性を失わせてしまう欲望は、なるべく早く解消されるべきという考え方を導きます。たとえば、アルベルト・アンジェラは『古代ローマ人の愛と性』（関口秀子・佐瀬奈緒美訳、河出書房新社、二〇一四年、二六七頁）の中で、「古代ローマでは、マスターベーションは禁じられていなかっただけでなく、自然な行為として受容されており、不健全だと非難されることもなかった」と述べています。

また、「人がつくったものは不完全である」という信念から判断するに、人間の身体や精神の自然に反する法律や制度は、古代のギリシャやローマの哲学を前提とするなら、正しい法律や制度とはみなされないでしょう。また、情欲や快楽のために、身体を損なったり、精神を損なったりするような行為は、理性的な行為や自然な行為ではないので、厳しく禁じられるでしょう。

たとえば、古代ギリシャでは、性行為は道徳や倫理の問題ではなく、健康や家庭管理に関する問題として把握されており、精力を費やしてしまう性行為については、快楽との均衡を保ち節制することが賞賛されるべき価値として認識されていました（※注6）。一方、情欲や快楽のための犠牲となった奴隷たちは、奴隷制のもとにおいては「人」ではなかったため、彼らの置かれた劣悪な状況については考慮が払われなかったようです。

以上の検討から、私は次のように考えます。古代ギリシャなどの古典的な自然哲学においては、自己や他者の身体や精神への意図的な攻撃は、悪徳であるゆえに禁じられるでしょう。しかし、身体や精神へ害を及ぼし得る事柄の「表現」は、その表現が害意を含んでいない限り、防御のための知識も与えるのだから善悪について中立です。

この立場では、現在において違法有害表現とされている表現すべてについて、それが自然であり事実であるならば、本質的に違法でもなければ有害でもないと判断されることになるでしょう。たとえば、我々は生殖するために性交をするわけですし、身体的に可能であるのなら、かなりの低年齢からかなりの高年齢までが、そうした行為を行う可能性があることは、事実だからです。こうした自然の事実について表現することは問題ないでしょう。

仮に、そうした事実の表現が抑制されるべきであるとすれば、理性的精神を静穏かつ純粋に保ちたいと努力している人に対して、そうした努力に反する情欲や快楽への誘惑を増大させることに対してでしょう。理性的であろうと努力している人に、情欲や快楽に関する表現を与えて誘惑することは害悪であろうからです。逆に、理性的であろうと努力していない人に、そうした表現を与えたとしても、彼らに特に害を与えることはないと言えるでしょう。もちろん、ある人が理性的であろうと努力しなかったからといって、非難される理由はありません。内心は自由だからです。とはいえ、次項で述べるように内心をある教義に整えることを目的とする「宗教」の観点からは、教義に目覚めていない魂として問題視されるかもしれません。

また、事実でないことの表現は、原則的かつ全般的に無価値ということになります。仮にその表現に、理性的な生き方を妨げるような誘惑があるのならば、無益有害なのだから、厳しく禁じることが望ましいかもしれません。逆に、事実でないことの表現は、それが我々の理性的精神の健全性や、真善美になんらかの貢献をする場合にのみ許容されることになります。推測するに、いわゆる古代から近世に至るまでの文芸批評は、そうした観点から「虚構表現（fiction）」を評価していたのではないでしょうか。

古代ギリシャの少年愛を描いたプレート

さらに、「人間の作り出すあらゆるものは不完全である」と「神が作り出した調和した世界の、自然の進行を妨げることは許されない」という考え方に立ちますと「自然かつ正常な行為」と「不自然で異常な行為」とを区別することになるだろうと考えます。これについて私は詳しくはありませんが、おそらく当時の哲学的思惟と論争の対象になったものと思われます。当然、不自然で異常な行為は法や制度によって禁止の対象となったでしょう。とはいえ、何を不自然で異常と判断するのかという基準も現代とは異なります。たとえば、男性同性愛について言えば、ギリシャが教育課程の一貫としての「少年愛（paiderastia）」を制度化していたのに対して（※注7）、ローマは支配の道具または象徴として男性同性愛を把握していたといいます。ということは、彼らは同性愛を不自然だと考えていなかったようです（※注8）。

宗教道徳ではどうだったか　「望ましい規範」からの自然の否定

自然哲学の立場は、自然と現世そのものを善なるものとして把握することを起点にしています。しかし、そうした自然哲学に対して「より望ましい世界」について構想し、ありのままの自然と現世を改造することを主張する立場が現れました。それをここでは「宗教」と呼びます。すなわち、自然的世界というハードウェアに対して、その欠陥を補うべく、さまざまな宗教的権威がつくり上げたオペレーション・プログラムが提案されているような状況です。

もちろん、そのオペレーション・プログラム、すなわち宗教が信者の意識に描き出すインターフェイス・デザインは、信者には、あたかもそれが「世界そのもの」であるかのように見えてしまいます。すなわち、自然哲学的意味においては、単一の自然法則で動作していた世界を、さまざまな異なった様相で描き説明するのです。

宗教Aと宗教Bは、異なった世界の把握の仕方を要求するのですから、当然、異なる諸宗教の間では、物事の認識や理解についての合意（互換性）を得ることは困難になります。それどころか同じ宗教の内部でも、教義や世界の把握の仕方についての論争が絶え間なく続いているのが実際です。共同体においてそれぞれの構成員が、それぞれの異なった世界を認識しているのでは共同体が機能しなくなるので、共同体全体について一つの宗教が強制される傾向にあります。これが教団や国教というものです。

さて、現在の日本国の法や制度や道徳の基礎になるものは、もちろん日本の伝統や文化であるべきだと私は思うのですが、よく知られるように日本は、明治維新後にヨーロッパから近代的文物、とりわけ法律と法学理論を輸入してきたため、キリスト教道徳の影響がかなり強いのです。そこで、以下では不完全ながら、キリスト教道徳と、仏教道徳を基礎にしながら検討してみようと思います。

ところで、本来の仏教教義は、実は前項の自然哲学とかなり似ていて、もとより我々の世俗的生活における規範や倫理にはあまり関心を持っていません。従って、本論でいう仏教とは、日本の世俗的道徳観を形成した、日本的仏教を想定しています。この日本的仏教なるものも、複雑怪奇なものでとても本書で扱えるものではありません。この点についてさらに詳しく知りたい方は、さしあたり市川茂孝の『日本人は性をどう考えてきたか』（農山漁村文化協会、一九九七年）という本を読まれることを勧めます。

余談になりますが、江戸時代の武士を中心とする上層階級については、庶民よりも厳格で禁欲的な規範が要求されました。すなわち、儒学（朱子学）です。この武士の規範は、現在の我々が想定する「望ましい規範」の基盤の一つです。明治政府は、武士の規範を日本国民の規範の基礎に据え、そこに輸入されたキリスト教道徳を結合することで、全国民を「開明的な武士」にしようと試みたとも言えるでしょう。

さて、ここで検討するキリスト教と仏教では、不完全で苦しみの多い現世と、来るべき幸福な来世という二段階の世界観が提示されます。従って、原則として現世は悪と誘惑に満ちており、その中で信仰を守り抜いた信者だけが、神仏の計画に従って救済され、幸福に満ちた来世に移行し得ることになります。すると、現世において価値があるものは信仰であり、他の現世のことはすべて等しく無価値ということになります。

自然哲学の考え方では、自然において表現される創造主の属性である調和と善は、探求する価値のあるものだったのですが、宗教道徳においては、自然観察と事実の探求よりも、経典に示されている「教え」が優先されることになります。こうして、現世における人間のもっとも重要な課題は、信仰に従い、また教義の示す戒律を守り通すことになります。こうした宗教の教義や戒律は、自然哲学と異なり、宗教的権威が「人類のよりよきあり方」のために設定したものです。従って、それらの教義や戒律は、部外者の目から見た場合、不合理かつ無意味に見えることも多々あるでしょう。先に示したように、自然的世界を別々の世界観で見ているのですから当然です。

まず、「信仰にのみ価値があり、その他のことは無価値」という信念について検討します。私は、キリスト教や仏教の教義のすべてを知っているわけではありません。とはいえ、筆者の知る限り、聖書や仏典において、人間が生殖すること自体を禁止するような記述はないと思います。ただし、両者とも現世が無価値であるとする厭世宗教であるため、現世の存在である肉体的な情欲や快楽を無価値なものとして否定する傾向にあります。さらに、そうした情欲や快楽が信仰の妨げになるという理由で禁じる場合もあります。すなわち、ここでは生殖が問題なのではなく、信仰の妨げになる事柄が問題とされているのです。従って、性に関連した欲求や快楽のみならず、信仰を弱める可能性のある、あらゆる種類の欲求や快楽が抑制されることになります。

続いて、「人間の重要な課題が信仰に従うことであり、人間の価値は戒律を守っているか否かにかかる」という信念について検討します。信仰は、もちろん内心の問題であるから観察が不可能です。しかしそうした信仰の強さは、戒律を守ることによって表現することができます。そこで宗教的権威が示す戒律の遵守が、信仰の証《あかし》として見られるようになるわけです。すると、先のように信仰の妨げになり得る生殖にかかわる欲望は、一般的に戒律によって抑制される可能性が高くなるでしょう。仮に戒律において抑制されなくても、宗教共同体の中の社会的圧力として、快楽を伴う性行為や表現が一般的に禁忌とされるようになるでしょう。また逆に、情欲や快楽に関する事柄について超然として無関心であることが、宗教共同体においては賞賛の対象となるでしょう。

さらに、「宗教の教義や戒律は部外者の目には不合理かつ無意味に見える」場合があることについて検討します。宗教においては、教義や戒律の遵守が信仰の証だとされるのだから、たとえそれがどんなに不合理かつ無意味に見えるものであったとしても、それが教義であり戒律である限り、絶対的な規範として機能することになります。たとえば、キリスト教においても仏教においても、信仰の表現として、身体に負担をかけ健康を害する惧《おそ》れのある行為を行う場合があります。また、歴史をふりかえってみれば、教義や信仰を理由として、さまざまな残虐行為や戦争が行われたことも否定できません。

以上の検討から、私は次のように考えます。キリスト教や仏教などの宗教的世界観においては、自己や他者の身体や精神への意図的な攻撃は、当然に悪徳であるから禁じられるでしょう。加えて、教義や戒律への疑義や批判そのものが重大な悪徳として禁じられるでしょう。自然や事実の探求は、ときとして教義や戒律に反する事実を明らかにしてしまうために、抑圧され宗教的権威の指導下に置かれることになります。たとえば、ガリレオ裁判における天動説対地動説論争などが挙げられるでしょう。

この観点からすれば、教義や戒律に反する真実の「表現」も害悪とされるでしょう。逆に、虚偽であったとしても教義や戒律を強化する表現は奨励されるでしょう。宗教芸術と呼ばれるものは、すべてこの基準に基づいていると言えます。優先されるものは、宗教的権力・権威・秩序機構の安定だからです。さらに、ある教義に対抗する別の教義、すなわち異教や異端はもっとも厳しく禁止され罰せられるでしょう。それは、それが自らの信仰に有害な虚偽だからです。

さて、教義への疑いや批判は、戒律を破ることによって具体的に表れます。当然、宗教的秩序を維持するために、破戒は処罰の対象となるわけです。それゆえ、宗教道徳が貫徹した社会においては、教義を除くすべての表現が抑圧の対象となる傾向が強いと言えます。言い換えれば、世界において容認される「夢想表現（fantasy）」は、その宗教のみであるということになるでしょう。ある表現は、自然科学的真実であるがゆえに抑圧され、また、ある表現は架空の夢想表現であるがゆえに抑圧されます。すべての表現は、宗教道徳のフィルタを通して、その宗教道徳を強化する方向にのみ許容されるのです。たとえば、欧州中世期の学問および芸術などが、その例として挙げられるでしょう。事実、教義に厳格な宗教的権威が社会の指導者となった場合に、しばしば文学・演劇・音楽等が、無価値かつ信仰の妨げになるものとして、禁止の対象となりました。

すると、この立場の視点からすれば、現在において違法有害表現とされている表現についてのみならず、異教的表現、経典に示された内容と異なる表現、虚偽であると判断された表現すべてが禁圧の対象となるでしょう。たとえば二〇〇一年に、アメリカのミシガン州で児童文学『ハリー・ポッター』が魔法の存在を示し賛美するものとして禁止になった、という記事が出たことがありますが（※注9）、この宗教道徳の立場からすれば理解できるものです。

同様に、現代の我々が日ごろ楽しんでいる虚構表現のすべてが、この立場においては禁止されることになるでしょう。それらはいずれも信仰にとって無価値かつ有害なものだからです。逆に、教義において生殖活動や交合を認め奨励するような記述があれば、そうした表現はむしろ奨励される可能性があります。たとえばヒンドゥー教や密教などにも性を重視する教義が見られます。しかし、キリスト教も仏教も、生殖活動や交合を肉体的であり無価値なものとして否定する傾向にあるので、それらへの過度な惑溺を戒めています。

カトリック教会は、純潔・貞淑を美徳としており、肉欲・好色は慎むべきものと位置付けます。「男子は婦人にふれないがよい。しかし、不品行に陥ることのないために、男子はそれぞれ自分の妻を持ち、婦人もそれぞれ自分の夫を持つがよい」（パウロ「コリント人への第一の手紙」7:1, 7:2)、「もし自制することができないなら、結婚するがよい。情の燃えるよりは、結婚する方が、よいからである」(同前、7:9) などの記述から示されるように、純潔が困難である場合のやむを得ない避難として結婚を勧めているにすぎません。古代の偉大な神学者である聖アウグスティヌスもまた、結婚を善きものと位置付けるものの、「事柄それ自体を比較するならば、純潔の貞潔のほうが、婚姻の貞潔よりも、より善いことは疑いない」としています (アウグスティヌス「結婚の善」『アウグスティヌス著作集7 マニ教駁論集』岡野昌雄訳、教文館、一九七九年)。また、仏教における五戒の一つに「不邪淫」があります。ただしその解釈はさまざまのようです。たとえば、快楽の追求に伴う乱淫が批判・禁止されることは当然ですが、男女の交合が、実質的な部分で相互の信頼と責任を伴うものであれば、必ずしも現世の法制度的意味における結婚を要求しないという解釈もあります。

ところが、宗教的な活動を行うべき修行者集団の戒律になると、性の禁忌は極端に厳格になり、一切の禁欲が要求されることが通常です。そうした修行者の徹底した禁欲が信仰の篤《あつ》さを示す指標となると、修行者でない人々もまた禁欲を美徳として称揚するようになります。すなわち、性に代表される欲望を促す表現が、直接に悪であるがゆえに禁止されるのではなく、望ましい規範が禁欲を要求するがゆえに、欲望に関する表現が下劣なものとして排除されるという論理だと解釈されます。私は、これを「上品 (decent)」

概念につながるものとして把握します（※注10）。

②結婚はどのように位置付けられてきたか

性に関する宗教や政府の考え方や取り扱いは、その社会において婚姻制度として具体的に示され、運用されてきました。第一章で見てきたような財産継承に関する秩序維持の問題、そしてこれまで見てきたような宗教にかかわる性道徳の問題、これら世俗の権力と宗教的権力が重なる領域にその社会の婚姻制度はあることになりますから、婚姻制度について検討することはとても重要です。ここからは、婚姻制度の歴史的な変遷について眺めてみたいと思います。

キリスト教以前の結婚　ユダヤ社会、ローマ社会

キリスト教的な結婚の形態が普及する以前のギリシャ、ユダヤ、ローマ、ゲルマンの各民族は、家父長が支配する家族集団の中に組み込まれ、すべての構成員について家父長の指示に従って結婚が行われました。恋愛や結婚について女性の意向がどの程度尊重

されたのかはわかりません。しかし、公式な制度としては、女性が男性の妻となるのは、契約によって家財や家畜や奴隷が譲渡されるのと大きく異なるものではありませんでした。また、家父長は、家族構成員に対して生殺与奪の権を持っていたため、嫁いできた妻たちを任意に放逐することができました。ただし、ローマ人の間での妻の地位は次第に上昇し、共和政期には正当な理由のない妻や子の殺害は犯罪とされていました。カエサルの『ガリア戦記』には、ゲルマン人の風習として、夫の死亡について疑いが持たれた場合、妻は拷問にかけられて取り調べを受け、場合によっては残虐な方法で殺害されることもあったと記述されています。

紀元前六世紀頃のユダヤ人の間では、こうした家父長的支配は、結婚の統制についてはもはや緩和されていたようです。とはいえ、妻を放逐することができるという考え方は存続して、律法の一部として維持されていました。キリスト教が拡大し「両性の合意」や「秘蹟としての解消できない絆」といった考え方が普及していっても、ユダヤ人たちは律法に基づいて、婚姻関係をいつでも夫から一方的に破棄することができました。

ユダヤ教には「穢《けが》れ」の意識があったため、性を善なるものとは把握していなかったようです。ユダヤ教では性的なものに「穢れ」を感じる傾向がありました。とくに月経について嫌悪感があり、『レビ記』では月経について「その女は七日のあいだ不浄である」として「すべてその女に触れる者は夕まで汚れるであろう」とされていますし、またその期間中に、女性と共寝した人物も穢れるとされています（『レビ記』15:19-24）。また、ユダヤ教は、子供を産むための性行為とそれに伴う快楽については否定しませんでしたが、その強い穢れ意識のために、子供を産み出さない性行為については否定的でした。この「血の穢れ」の観念は、日本の伝統的な観念とも近いものがあるように思われます。たとえば、日本には月経を迎えたり臨月を迎えた女性が、穢れを住宅から遠ざけるために滞在する「小屋」の風習がありました。

ユダヤ教においては、妻が不貞を働いた場合には必ず重罪となりましたが、既婚男性と未婚女性の交際は罪とされなかったと言います。女性を「誘惑するもの」と見て、本質的に罪深い存在として把握する観念は、後にキリスト教にも受け継がれます。当然、婚外における性的関係は一般に禁止されることになります。

共和政期以前のローマ社会では、結婚は儀式を必要とする契約でした。「マヌス婚（cum manu）」と呼ばれる、伝統的な譲渡の儀式に基づいて娘を夫に与える形態の結婚があり、この婚姻形式では、夫に妻への家父長権が発生します。結婚のような重大な行事には、もちろん宗教的な儀式や家族や友人たちによる祝宴が伴われました。

しかし、共和制ローマ期に入ると、ローマ人たちの結婚に大きな変化が生じました。正当だと考えられる婚姻関係そのものは、単に夫婦となる意志を持つ当事者が同棲を開始することのみで、成立すると考えられるようになったのです。これを「自由婚（sine manu）」

と言います。ただし、自由婚状態が一年以上継続すると夫の妻に対する「使用取得（usucapio）」により夫権が発生し、「ウスス婚（usus）」と呼ばれる権力関係が発生するものとされたため、自由婚状態を継続したい場合は、一年に三日間外泊することで夫の「使用権（usus）」を中断させることも行われていました。

家系の存続を最重視するローマ社会において、夫が子供を持てなかった妻を離縁することは必要とされていました。こうした状況においてキリスト教は、結婚を神の定めた結び付きと唱えることで、また結婚において男性と女性の両性の合意がもっとも重要な要素であることを唱えて、奴隷階層や貧しい階層、そして女性たちに支持されるようになっていきました。特に女性の立場を不安定にしていた離婚や放逐について、キリスト教は厳格な態度をとりました。

ローマの伝統では、夫はいつでも妻を離婚することができましたが（※注11）、キリスト教では、配偶者が死亡した場合か、妻が姦通を犯した場合でしか離婚が認められませんでした。イエスが唯一の離婚の理由として姦通を挙げたとされることが（※注12）、女性の貞節を重視する考え方や、姦通を極めて重大な罪とする発想の基礎になっていることは、間違いありません。姦通が広く社会的現実となっていたローマ社会において、キリスト教が女性に与えた保護は無視できない要素だったのです（※注13）。

こうしたキリスト教の結婚に対する態度は、それがごく小規模である段階では、ローマ社会の基盤である財産継承の障害とはなりませんでしたが、この教えが次第に上層階級に受け容れられるようになると、財産継承制度を混乱させることになります。これがローマにおいてキリスト教が禁圧され迫害された理由の一つです。

この迫害の過程で、キリスト教徒は迫害に耐える強さを身につけることが要求されました。おのれを強くし、現世の誘惑に耐える自分を形成しようとするとき、これが禁欲に結び付くようになっていきました。「コリント人への第一の手紙」に、結婚せず純潔を守るほうがよいという記述があったことも根拠となり（※注14）、性的純潔そのものを価値あるものとする思想が広がることになります。

キリスト教の結婚　性は罪であるという観念の成立

キリスト教が、ユダヤ教的な性を穢れとしてみる観念に、ギリシャ的な精神主義を「愛」という概念を基礎に結び合わせると、それ以前の社会の婚姻形式は、大きく変化することになりました。

紀元一世紀頃からキリスト教は、信者の結婚に際して祝福を与えていたようですが、制度的な結婚はローマの伝統に従っていました。キリスト教がローマ帝国に公認され国教となった四世紀には、教会の影響力が増し、婚礼は、従来の法的手続きに従って行われましたが、それに続いて教会でミサを受けることが一般化していきました。

一〇世紀頃になると、キリスト教会が定めた教会と信徒の統治のための法である「教会法（カノン法）」（※注15）が発展することで結婚がより重視され、伝統的な結婚の手続きは、神父によって教会の前で執り行われるようになり、続いて教会の中でミサを受けるかたちとなりました。

「グラティアヌス教会法令集」（一一四〇年頃）が成立すると、婚姻関係は秘蹟とされ、結婚そのものが宗教的儀礼となりました。秘蹟とは、神の恩寵すなわち「秘」は、見えるかたちすなわち「蹟」で示されるという意味です。神の前で結婚を誓うため、夫婦それぞれが神に対して責任を負うことになり、婚姻関係は厳格な一夫一婦制となり、離婚は許されず、また貞節の義務が課せられることになりました。こうして、神が結び合わせた夫婦関係は、解消できないものとなりました。生殖や血統の存続といった現世の目的によって男女関係を理解するのであれば、結婚する価値はない。そうした現世的利益を超越した神秘的な結び合いこそが男女の結び付き――すなわち秘蹟、結婚の価値とされるようになったのです。

第一から第四ラテラノ公会議（一一二三年〜一二一五年頃）が開催された一二世紀以降、教会は信者を教会と緊密に結び付けるために、人生の節目に儀式を行うことを定着させようとしました。すなわち、幼児期の「洗礼」、ミサで行われる「聖体拝受」、青年期から成人期の「堅信」と「婚姻」、病気のときの「塗油」、そして年一回および死亡時の「告解」が、秘蹟として儀式化されたのです。

とはいえ、公会議の議決内容において、直接に一般信徒の行状について規定することはほとんど見られず、結婚や性に関連する内容は、下位聖職者たちに対する禁止と訓戒が主なものでした。このことをふまえると、第四ラテラノ公会議で告解が一般信徒にも義務付けられたことは、大きな影響を持ったと考えられます。というのは、教皇から厳しく信仰生活における禁欲と純潔を申し渡された下位聖職者たちが、一方で、一般信徒の日常生活における罪について、評価し監督する権限を強化されたことになるからです。この状況において、下位聖職者たちは一般信徒の性生活や恋愛に対して、過度に厳格に対応するような心理的傾向を持ったのではないかと推測できます。

この告解の義務化によって、一般信徒と教会との継続的な関係がつくられ、教会の規範

ロヒール・ファン・デル・ウェイデン〈7つの秘蹟〉(1448年)

が俗人にも適用されていく仕組みが強化されました。こうして、一般信徒における一夫一婦制と純潔貞節の要求が強化され、世俗の事項であった男女の結び付きや生殖にかかわる事項が、教会の支配下へと組み込まれていくことになりました。また、言うまでもなく教会が支配権を持つ事項が拡大することは、教会の経済的利益とも強く結び付いていたのです。

こうしたキリスト教的な結婚は、「カノン法上の結婚」と呼ばれました。カノン法上の結婚は、共和政期以降のローマ法と同様に、当事者の結婚への同意によって成立するものとされましたが、ローマ法と異なって、成立した結婚は終局的に形成されるものとされました。すなわち、婚姻後に当事者の婚姻継続の意思が失われたとしても、結婚の解消はできないものとされたのです。

このカノン法上の結婚の観念は、次の聖書の記述によっています。「創造者は初めから人を男と女とに造られ、そして言われた『それゆえに、人は父母を離れ、その妻と結ばれ、ふたりの者は一体となるべきである』。彼らはもはや、ふたりではなく一体である。だから、神が合わせられたものを、人は離してはならない」(『マタイ福音書』19:4-6、『マルコ福音書』10:6-9)。ここから、結婚によって男女が一体となり完成すると見る、男女二元主義と単婚主義が導かれることになります。カノン法上の結婚においても、完全な結婚が成立するためには、肉体の結合が必要とされました。この規定は聖書に根拠がないため、キリスト教の価値観から導かれたものではなく、おそらくローマの伝統的な要素が混入し残存したものでしょう。

さて、カノン法上の結婚における、具体的な結婚の手続きは次のようなものです。若者と家族が結婚に同意すると、婚約式が執り行われました。指輪が二つ用意され、婚約者はお互いに相手の指輪を受け取るのです。これは単なる指輪の交換ではなく、法的効力を持ちました。契約の立会人である教会は、典礼定式書に従って婚約を公にしました。婚約者である二人は、両親、友人とともに教会に行き、主任司祭の進行する式に従って教会入口の扉の前で婚約を誓いました。そして四〇日間、結婚を公示した後、その教会の入口で結婚式が行われ、続いて教会の中でミサが行われました。

こうした規定は、一二一五年の第四ラテラノ公会議で決定され発布されました。こうして、教会の扉の前で司祭の祝福を受ける慣習は、宗教的な義務となったのです。しかしこの布告に対する違反は、教会からの懲戒と処罰をもたらしただけで、結婚そのものを無効にするものではありませんでした。こうして、結婚は解消できないものになりました。これは現在でも、なおローマ・カトリック教会の法として定められているのです。

結婚の精神的な面を強調したキリスト教でしたが、人が深い恋愛に陥り、人間である恋愛相手に奉仕と献身に勤しむようになることで、神を愛し奉仕することがないがしろになってしまうのは問題だとされました。この神への愛と奉仕と献身を最大の価値とする考え方が、後にマリアの処女懐胎の教義と結び付き過激化・純化されました。「罪」である性行為を行わずに神の子イエスを授かったゆえに、マリアとイエスは、何人にも脅かされない超人的かつ特権的な地位を獲得することになるわけです。逆に言えば、これが処女懐胎の教義の現実的な意義だと考えられます。ここで、ユダヤ教において性を穢れと見る価値観は、キリスト教ではさらに進んで罪とされることになりました。こうして、結婚を秘蹟とし性行為を罪としてみるキリスト教においては、配偶者との性行為はやむを得ない罪とされ、許されざる大罪とは、配偶者以外との性行為だということになりました。

その説明は次のようなものです。神の国の到来に備えるために、人は結婚しないほうが望ましいのだが、多くの人々は結婚をしなければさらに大きな罪を重ねるでしょう。そこで、淫行を避けるために、教会の監督下で神の許した性関係を結ぶべきだ、というわけです。また、配偶者間の性行為であっても快楽は罪であり、なるだけ快楽を感じないように性行為を終えることが求められました。キリスト教の教義がこのように解釈され制度化されていく過程で、性それ自体を罪と見る観念が生み出されることになるわけです。

こうして、「一般の人々は全て罪人である」という恐れの下に、純潔を保った聖職者たちが権力を行使する仕組みがつくられたのです。ただし、聖職者が純潔を維持するはずの教会や修道院の秩序が、しばしば乱脈であったことについては、大方の歴史家が同意する状況です（※注16）。もとより「純潔の達成」は、多くの人にとって不可能であったと言わざるを得ません。

規範の世俗化　市民道徳化する性規範

これまでキリスト教道徳の純化・深化の過程の中で、性そのものを罪であるとする観念が形成され、それが教会権力と結び付く過程を見てきました。それでは、こうした宗教的な権力と世俗の権力の関係はどうなっていたのでしょうか。ヨーロッパ中世に形成されていた、秩序に関する教会と世俗権力の関係は、次のようなものでした。

「世界を統べるのは神である。法皇は、地上統治の神の代理人である。教会は、唯一の正統なる地上統治権力である。しかし、聖職者は血や体液を流すことが許されない。ゆえに武力による世俗の統治能力に欠けるので、教会を奉戴する地上の権力者を皇帝として戴冠し、教会を守護することを義務付け、世俗の事項についての統治権を委任する」

この考え方から、教会が運用する「教会法」が、信仰・道徳・家族関係・結婚・出生死亡・遺産などを管轄し、「普通法」が共同体の伝統や慣習を基礎にした財産関係を管轄し、「国王大権法」が国防・治安・教会法や普通法では扱わない事項に関する管轄を持つことになっていました。こうした状況があったため、「性」に関する事項は、宗教的な規律の支配下にありました。また、教会は異端・涜神を最大の罪としており、教会の定めた性的な規範に反する言動は、異端・涜神の文脈において処罰の対象となったのです。

フランスの哲学者ミシェル・フーコーが『性の歴史』（渡辺守章ほか訳、新潮社、一九八六〜一九八七年、全三巻）という本の中でこのあたりの事情について書いています。フーコーは、一三世紀からカトリック諸国で制度化され、特に一七世紀に励行された「告解」について、そこにおける告白が性の様相を言語化し発見する機能を果たし、かえって性に関するさまざまな欲望を生み出したとしています。また、発見された性的欲望は、単に個人的な傾向ではなく信仰における罪であるとされ、宗教が個人の内面までをも管理するための入口となったということです。やがて、性的欲望は、社会に悪影響を及ぼす社会的な罪または病気として位置付けられ、一九世紀には医学や精神分析、法学によって、制度的に告発され管理され治療されるものと扱われることになります。このように性的欲望は、国家が個人を管理するための正当な理由として利用されたわけです（※注17）。

一方、一般的な表現規制という観点からすれば、出版統制は現世の問題であり、国王大権の範囲にあると考えられていました。それゆえ、現政権に対する批判がもっとも苛烈な取り締まりの対象となったのです。一九世紀に至るまでは、政権批判の文書を偽装するために、性的な文書を装うことすら行われました。一九世紀の半ばまで、世俗の権力は、性表現を重大な問題だとは考えていませんでした。「政権批判はいけないと思います！」とは言われても「えっちなのはいけないと思います！」とは言われなかったわけです。やがて、表現技術の展開とともに、性に関する表現が増大していく中で、性の統制について関心を持っていた教会が性表現規制に関与することになりますが、その規制においても、「異端・涜神的な内容であること」がもっとも重視されていました。やはり「神を冒涜するのはいけないと思います！」が第一だったということです。

さて、一二世紀以降、結婚は教会の管轄になったというお話をしましたが、それから数世紀を経て宗教改革と世俗化の波が押し寄せてくると、今度は再び結婚が世俗の事柄になっていきます。たとえば、イギリスやアメリカの結婚に関する態度を見てみましょう。

ジュゼッペ・モルテーニ〈告白〉（1838年）

一六世紀の宗教改革により、プロテスタント諸国においては、結婚を民事的な契約であると見る考え方が強くなりました。たとえば、イングランドでは共和政期に出された一六五三年の民事婚条例で、婚姻する男女が判事の前で誓うことのみで、法的に結婚が有効とされるようになりました。その後さまざまの制度改正を経たのち、一七五三年の婚姻法改正によって、カトリックの手続きと同じように、結婚が有効であるためには、婚姻予告の公示を行い、その後にイングランド国教会の定める儀式を行うことが必要になったのですが、一八三六年の婚姻法によって、聖職者でない登録官の面前でも結婚が可能となりました。結婚する男女が特定の事項を記載した通知書を提出し、登録官の面前で「汝を妻とする」と述べるだけで法的に有効となったのです。とはいえ、統合婚姻法（一九四九年）により、イングランド国教会で挙式する場合には、「事前に婚姻予告の公表をしなければならない」などの伝統的な規定は残っているようです。

一方、開拓植民時代のアメリカでの一般的な結婚のあり方は、事実婚すなわち両当事者の合意だけで成立する無式婚姻でした。これは「コモン・ロー婚」とも呼ばれました。荒野の中で、人々がまばらにあるいは小集団で暮らしていて、正式な聖職者の数も少ない状況では、当然そのようになるでしょう。コモン・ロー婚はイングランドでは一七五三年に禁止されましたが、植民地であるアメリカには適用されませんでした。一七七六年にアメリカが独立して以来、アメリカでは結婚を民事契約とする考え方が一般的で、今日ではアメリカのほとんどの州で、このような法令が制定されています。合衆国では一般に、結婚式を挙げた州の法律に従っていれば、住所地の法律と違っていても結婚の効力は有効とされています。

ヨーロッパでも結婚の世俗化は進行していきます。ヨーロッパでの「民事婚」の確立は、フランス革命によるもので、一七九一年の革命憲法には「法律は結婚を民事契約とのみ認める」と宣言されました。そこでは、聖職者ではない市長、村長の面前で行われる儀式以外に有効な結婚はないものとされ、民事婚が義務付けられました。民事婚の義務は、フランスからヨーロッパの他の国々へと広がっていきました。

また、一八世紀から一九世紀のヨーロッパは、理性主義・啓蒙主義の時代でした。支配的な規範としては、不合理である自然の身体と、理性的である精神とが対立概念としてとらえられており、精神によって身体を克服・支配することが望ましいと考えられていました。ここに、「女性はより自然に近く身体的であり、男性はより理性的であり精神的である」という価値観が接合され、理性優位すなわち男性優位の社会が形成されていきます。そして女性は、その身体的すなわち性的魅力によって男性を誘惑し、理性の行使を妨げるものとして位置付けられ（※注18）、そうした女性のあり方は、理性すなわち、法や規範によって支配管理されるべきものとされました。

近代における世俗化の進行に伴い、宗教による結婚や性に関する規範の正当性が揺らぐと、先に述べた自然哲学的かつ合理的な立場が復活してきます。ところが、いったん宗教道徳によって社会制度が形成されてしまっているので、すでに機能している社会制度の根幹部分である「神」を「理性」で置き換えることになりました。この際に「神」が備えていた絶対性と超越性が、「理性」の絶対性と超越性として再現されることになります。このとき、国家すなわち法は、理性を体現するものとして認識されていたので、法の枠組みの中でかつての自然哲学のような「自然な性のあり方」を容認するような論理が作用する余地はありませんでした。

この神から理性への転換は、次章で扱うイングランドの裁判記録における裁判管轄の転換によっても見ることができます。それまで性や性表現に関する問題は、教会裁判所の管轄とされていたのですが、一九世紀半ばに世俗裁判所の管轄へと移されることになります。これは、性や性表現に関する規範侵害が、神への冒瀆や宗教的秩序への攻撃ではなく、社会秩序や道徳への攻撃と認識されたことを意味しています。

先にフーコーが「告解」において見出された性的欲望の管理は「宗教が個人の内面までをも管理するための入口となった」と述べていたことをお話ししましたが、重要なのは、今度は世俗の権力がこれにとって代わり、「個人の内面までも管理」するようになったということです。こうして、性規範は、財産継承をめぐる階級の維持のためのものでも、宗教的な戒律を守るためのものでもなくなり、市民道徳と社会秩序を守るための規範に置き換わったのでした。そして「えっちなのはいけないと思います！」の時代がやってくる、というわけです。

③第二のまとめ

ここで第二章までの議論をまとめておきましょう。先入観なしに素直に見れば、性活動および性表現は、それ自体で有害であると考えることは困難です。とはいえ、性活動は生命を産み出すための方法であるということ、そしてそれに伴って興奮や高揚や快楽といった精神的作用を伴うことから、人々の規範意識の関心を強く引くことになりました。こうして、性活動や性表現は、哲学や宗教の関心を引く事柄となり、またそうした関心の対象であることが受け容れられるようになりました。

加えて、理性的生き方や信仰に沿った生活をするべきであるという、より「望ましいあり方」を主張する宗教的価値観に立ちますと、性があまりにも人々の大きな関心を引く事柄であることから、それは、それらの「望ましいあり方」を妨害する強い要素となり得ます。それゆえに、それを生活から、意識から排除することが、先の価値観においては望ましいことになります。その結果、性を忌むべきものとする価値観においては、自らが優位であることの標《しるし》として、禁欲の価値が高まるのです。そのうち禁欲は理性や信仰の標として以上に、それ自体が目的とされるようになります（自己目的化）。

性関係が社会的に扱われ、さらに制度として整えられたものが結婚です。もともと結婚は、単純な男女の恋愛の結果というよりも、「家（familia）」と「家」との財産関係、「家」の内部での財産相続関係の仕組みを、社会的・制度的に明確にするための仕組みにすぎませんでした。しかし、そこに宗教の規範が組み込まれていきます。そこには、宗教団体が信者の社会関係や財産関係を支配する目的が存在していたのです。

中世を通じて、性関係や結婚は宗教団体の規範に沿って運営されることが「望ましいあり方」であると設定され、教会の支配のもとに入ります。こうして、宗教団体は「性規範」を足がかりに、個々人の精神の面だけでなく、財産関係にも支配領域を拡大することに成功しました。さらに、この支配関係が何世紀もの間継続していく中で、社会の「常識（common sense）」となり、やがてそれを基礎にして成り立つ法制度（common law）に結晶していくことになります。こうして、いつの間にか性を忌む哲学的または宗教的信念は、法制度によって社会に強制されていくことになったのです。

第三章（近代史編）

市民社会と道徳

①近代のイギリスでの展開

ここからは、イギリスとアメリカにおける、性および性表現への態度の変化を見ていくことになります。なぜイギリスとアメリカかと言うと、「はじめに」で書いたように私の専門が英米法だからだという事情もありますが、性規制の誕生が性「表現」規制に結び付いていく過程を考えるとき、近代において市場経済（そして出版市場）が拡大し、急速な世俗化が進行していったイギリス社会について検討することは、避けることができないからです。また、そのイギリスからの移民によってつくられ、現在の性表現規制の基礎となる判例が積み重ねられていったのはアメリカ社会においてです。従って、以下の議論は、次章で本格的に展開する、性表現規制の法的な検討の基礎となるものでもあります。

イギリスの場合　「猥褻」表現規制のはじまり

性表現を法律で禁止することは比較的新しい考えです。一九世紀以前のイングランドでは、宗教や政治を批判する内容を含まない限り、性的文書自体が罰せられることはありませんでした。前章でも示唆しておいたように、これまで検討してきたような性規範の確立後も、社会秩序を乱す表現を取り締まるという場合には、まず第一に政治批判の文章や宗教的な涜神文書が対象だったのです。一八世紀の社会には大量のポルノグラフィが普通に流通していました。たとえば、イギリスの歴史学者のローレンス・ストーンの『家族・性・結婚の社会史』（北本正章訳、勁草書房、一九九一年）という本では、その様子が次のように描かれています。

文学と絵画の両方で、イギリス国産のポルノグラフィの最初の大規模な生産が発展したのが一八世紀においてだけ見られたことも（中略）意義深い点である。一六六〇年代にピープスがポルノ本を読みたいと思ったとき、彼は、『女学校（*L'Ecole des Filles*）』と呼ばれたフランス語の作品を買わなくてはならなかった。この本は、「猥褻本ではあるが、参考のために読んでおくのなら害にはなるまい」と考えられた。だがこれは、いくぶんまずいことになった。というのは、ピープスは、この本を読んでいるうちに勃起して射精してしまったからである。その後、彼は、おそらく妻が発見しないようにするためであったのだろうが、この本を焼いてしまった。フランスは、長いあいだこの種の読み物の供給源であり続けた。そして一七五三年という時点になってもまだ、「毎日のように、フランスから流れ込んでくる猥褻本が山のようになっている」という不満が聞かれた。（同前、四四八頁）

イングランドではじめて猥褻とされる性表現が制定法により禁じられたのは一八五七年のことです。この年に注意してください。これは、一八六八年の明治維新のたった一〇年ほど前のことなのです。この時期くらいから、それまで宗教的秩序への攻撃だとみなされていた性表現が、社会の道徳秩序に対する攻撃だとみなされるようになったのです。前述したように、そのことは、これまで宗教的あるいは階級的な理由によりかたちづくられてきた性規範が常識化・世俗化されることによって、市民社会が守るべきルールとして法制度に結晶していったということを意味しています。

その「猥褻出版物取締法（Obscene Publications Act）」は、猥褻物の販売を制定法上の犯罪と位置付け、裁判所に違反品の没収と破棄の権限を与えたものです。この制定法は、さまざまな種類の悪徳を抑制することを命じたジョージ三世による一七八七年の勅令を起源とするものです。それに続いた、一八二四年の「浮浪者取締法（Vagrancy Act）」の中に、猥褻な書籍や印刷物を販売目的で展示することを禁じた規定があったものの、その出版についてははっきりと禁止する規定がなかったことを受けて制定されました。

一八二四年の法律が浮浪者の取り締まりを目的とする法律であったことに注目してく

ださい。ここでは、先に述べたような「猥褻（obsenity）」概念の変遷が見事に当てはまっています。「猥褻」のもともとの意味は「庶民の日常生活の中でのだらしない様子」でした。かつてこの「庶民」は上層階級の規範から自由な下層階級の人々を指していましたが、いまではそれは市民道徳を守らない浮浪者のことを指しているわけです。そして、そうした社会秩序を乱す浮浪者たちが「猥褻な書籍や印刷物」を消費するのを取り締まろう、というのがこの法律の規定だったのです。それを受けてできあがったのが一八五七年の猥褻出版物取締法です。

この法律は立法時には、「公共の倫理観を脅かし、若者の倫理観を破壊することを意図した出版物に限って適用される」とされましたが、条文中に「猥褻」に関する定義を置かず、具体的な事件の審理の積み重ねである判例で定義を明確化することにしたため、後に紹介するヒックリン事件において、かなり広範な「猥褻」の定義を導くこととなり、結果的に立法意図よりも広く適用可能な法律となってしまいました。

18世紀末のイングランドの画家トマス・ローランドソンの版画

再び繰り返しますが、英米法の世界において、一九世紀半ば（一八六八年）になるまで、性表現規制がコモン・ロー（判例によって形成された、市民に一般的に適用される法の総体）上の問題としてほとんど取り上げられなかった理由は、刑事罰を伴う検閲制度が、王権や宗教的権威に対する誹謗中傷の抑制を主たる問題としていたことと、性に関する事項が教会法の管轄だったためです。このため、王権や宗教的権威への誹謗中傷が、性的な放蕩の暴露や非難と結び付く場合には、取り締まりの対象となり得ました。たとえば、王侯貴族や宗教的権威の性的堕落を描く表現は、それらを一般市民に対して悪であると印象づけるのに用いられたりもしました。つまり「えっち」は一種の社会批判の方便として使われていたこともあったのです。再び、ローレンス・ストーンによれば、

この種の手稿本の詩歌は、直接的な政治風刺の趣をますます強めながら、手から手へと広まっていった。そして、どちらの類型の場合も、その主要な悪者は国王であり、猥褻な詩歌の場合、際限のない肉欲的な放蕩の指導者として描かれた。この頃、政治的に反対の立場とポルノ調の反宮廷的な風刺の結合が見られた。（同前、四五〇頁）

というわけなのです。

具体的には、一七〇八年のリード事件において、『メイデンヘッドの一五の疫病』と題された猥褻な書物の執筆に関連した判決で、性表現の執筆の違法性の判断は宗教裁判所の管轄であり、それをコモン・ロー上の犯罪として処罰することが明確に否定されています。しかし一八世紀から一九世紀の間に、性表現規制は宗教上の問題ではなく、社会生活における秩序の問題としてとらえられるようになっていきます。これは、それまで人々の日常生活に関する規範を支配してきた宗教的権威が弱まり、それらの規範が世俗的な秩序の問題として把握されるようになった（世俗化が進行した）ことによるものだと考えられるのです。

最初の転換点となったのは一七二七年のカール事件です。そこでは、『僧院のヴィーナス、スモックを身にまとった修道女』と『鞭打ちの技法』という二冊のポルノを出版した者が有罪とされました。その有罪判決の理由として、裁判官は「宗教はコモン・ローの一部である。従ってこれに反する行為は、すべてコモン・ローに反する行為である」と述べました。

この判決で、ポルノの出版や販売が、教会法で罪とされていた「神の冒涜」とは別個独立の犯罪類型となったのです。ここで「宗教はコモン・ローの一部である」と言われていることに注意してください。これまで宗教はコモン・ローの上位、あるいは外部にある別の秩序でしたが、ここではそれは、世俗の秩序（コモン・ロー）の一部として認識されはじめているのです。とはいえ、イングランド本国では、実際には、カール事件で法が確定したとはまだ考えられていませんでした。先にも述べたように、一八世紀には、イングランドにおいてポルノ版画の大量生産と広範囲な分布が見られました。たとえば、一七四〇年代には応接間にポルノ版画を飾るのが流行にさえなっていたのです（※注1）。

しかし、一八〇二年に設立された「悪徳抑圧協会（Society for the Suppression of Vice）」の精力的な規制活動によって、一九世紀の最初の十数年間に、ポルノ出版や販売が有罪とされる事件も増加しました。悪徳抑圧協会は、特に青少年の「望ましい」キリスト教的思想を護持するために、無神論や涜神的な言論や出版物を抑制することを目的として設立されたキリスト教系保守の団体でした。彼らは、新聞や雑誌、また写真や郵便といった、当時勃興してきた新しい媒体による不道徳な表現が拡散することを抑制するため努力していくことになります。悪徳抑圧協会はキリスト教系の団体ですが、これはかつての教会権力とは異なった、一種の市民団体であったということも大切です。つまり、ここで宗教道徳の市民道徳化が行われているわけです。

このように、一八世紀初頭においては、世俗の社会では問題とされなかった事柄（性表現）が、一九世紀までに「犯罪」化されました。その背景には、ここまで見てきたような宗教規範の世俗化の問題があり、また、急速な産業化に伴う印刷メディアの勃興とそれらを消費する浮浪者（あるいは下層労働者）による秩序紊乱《びんらん》への不安など、それぞれの事情が複雑に絡み合っていたと見ることができるでしょう。ここにも、第一章で「猥褻」や「上品／下品」概念をめぐって見てきたような政治力学が、変形されたかたちで働いているのです。

ヴィクトリア朝時代のモラル　「上品さ」の裏の倒錯

さて、性表現が「犯罪」化されていったこの時代の雰囲気は次のようなものです。ヴィクトリア朝時代の中上層階級は、性的な事柄がまったく存在しないかのようにふるまうことが要求されました。性に強い関心を持つことは一種の精神病であり、性的な行為は脳や身体に障害をもたらすものと説明されていました。それゆえ、特に女性や子供は性的なものから隔離されるべきだと考えられていたのです。たとえば、正常な女性は性的に淡泊であり、まるで子供のように無邪気なことが望ましいとされていました。性行為において快感を感じる女性は、多淫症という病気として扱われました。現代的基準からいけば健全な女性の多数が、性的な興味と快楽について自ら罪悪視し、これがこの時代のヒステリーや精神的疾患の原因となっていたのです（※注2）。

こうした、女性における性の否定と、純潔の過度な強調については、アンケ・ベルナウの『処女の文化史』（夏目幸子訳、新潮選書、二〇〇八年）という本で詳しく説明されています。生殖と快楽は結び付いていますが、快楽がとくにユダヤ教やキリスト教によって否定されたのは、先に説明したとおりです。また、それらの宗教では、生殖を担う女性は身体に穢《けが》れを宿しているものとされました。このため、快楽を否定した（知らない）女性＝処女が称揚され、宗教的・社会的圧力のもと、処女の価値が膨張していく過程が同書で丁寧に説明されています。それは、女性にとってよいことであったとは、とても言いがたいと私は考えます。こうした「上品（decent）」さが支配していたヴィクトリア朝時代でしたが、実際にはその裏側で、性的不道徳が蔓延していた時代だとしばしば指摘されます（※注3）。たとえば、絵画の分野においても、表面的な上品さと、その裏側にある性的関心の欺瞞的な調整が見られます。

この時代の芸術展には女性の裸体を描いた作品が多数出品され、扇情的な作品もありましたが、不思議なことに「陰毛を描かない」という規範に従うことでポルノグラフィと区別されていたのです。この理由は、次のようなものと推測できます。すなわち、陰毛のない身体は性的に成熟してない「児童」の身体であり、それは性的成熟を迎えていない無邪気なものであるがゆえに猥褻ではない。逆に陰毛のある身体は性的に成熟していることを示しており、その「成熟（adult）」が猥褻の感覚と結び付いたのではないでしょうか。いまだったら「児童ポルノ」などと言われて炎上案件かもしれませんが、当時はむしろ「児童の身体だからセーフ！」と思われていたわけですね。日本でも一九八〇

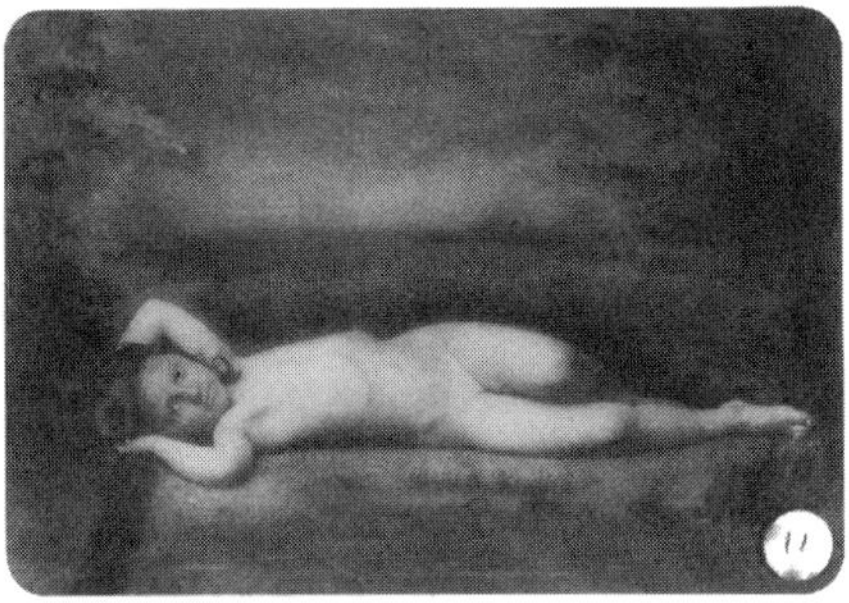

ヴィクトリア朝時代の作家ルイス・キャロルによる子どものヌード写真（1879年）

年代はじめくらいまでは、児童の裸体が猥褻だという感覚がありませんでした。

さまざまな文献で「ヴィクトリア朝時代の裕福な家庭の幼児は、男女とも女性の服装をさせられた」と記述されることが多いのですが、私は、女性の服を男女児が着用したのではなく、幼児の服装を女性が着用していたというのが実際ではなかったかと考えています。つまり、女性は幼児と同一視され、男性のみが「成人」するものとして扱われたのではないでしょうか。政治的に見ても、ヴィクトリア朝時代を通じて選挙法が改正され、男性の選挙権は拡大していきますが、女性には参政権はありませんでした。この意味でも男性のみが「成人」だったのです。逆に見れば、ヴィクトリア朝時代の男性は、幼児として装われた成人女性を愛するという、倒錯した欲望を持っていたのではないでしょうか。「性表現規制」がおしすすめられていったヴィクトリア朝時代の上品さの背後には、無数の「変態」がいた、というわけですね。こうした女性と子供をめぐる政治力学は、次に見るアメリカの性表現規制の問題を考える上でも、たいへん重要な事柄になってきます。

②アメリカでの展開

アメリカの場合　移民たちの宗教的な純粋主義と道徳

開拓植民時代のアメリカの性風俗の実態を知ることは、今ではほとんど不可能だと思われます。なぜなら、当時の社会においてそれらは公式に記録されるべき事柄ではなかったからです。というのも、宗教的共同体の中では、神の教えに反する意思も行為も存在してはならなかったからです。

母国を追われ、アメリカ大陸へ渡った初期の植民者たちは、イングランド国教会の教義における不徹底を批判したことで迫害された、聖書原理主義者である清教徒たちでした。彼らは、祖国を追われ必死の思いで大西洋を渡り、たくさんの犠牲を出しながら、新大陸に自分たちの植民地をつくり上げました。そして多くの植民地において、その指導者は、宗教的指導者と重なっていました。

信仰のゆえに海を渡ったのですから、当然彼らは、聖書の記述に基づいた共同体をつくろうとしました。それゆえ、共同体の法は、聖書を第一の法源としていたのです。このため、性的禁忌としての「ソドミー（自然の秩序に背く性行為）」や「オナニー（生殖に結び付かない性的快楽）」が、宗教上の罪を基礎として犯罪化されることになりました。

　また、植民地の極めて厳しい自然環境の中で限界的な生活を送る宗教的集団では、宗教的信念が強化され、自らを「新世界にキリストの教えを広める使命を負った者たち」と見る肯定的自覚が生まれました。しかし、この裏返しとして、自らの宗教的集団が、新大陸を支配している異教の神や精霊や悪魔といった神秘的な存在から、常に脅かされているという強迫観念にとらわれることになりました。こうした環境において、教義はより先鋭化し、かつ社会規範としての強制力を獲得していくことになったのです。たとえば、歴史的事件としての「セイラムの魔女裁判」（一六九二年）の記録は、植民地における集団パニックの具体的な状況を示す例として挙げられるでしょう。これは、マサチューセッツ州にかつて存在していたセイラム村で、二人の少女と一人の女性の召し使いの妄想的な証言により、二〇〇名近い村人が魔女として告発され、二五名が処刑されたり獄死したという事件です。こうした狂気が受け入れられた根底には、上記のような強迫観念があったことが指摘されています。

　ところが、植民地時代に制定された性表現に関する刑罰法規は、一つしかないと言われています。それは、一七一一年のマサチューセッツ法「不節制、不道徳、および神に対する冒涜を規制し、振る舞いを改善するための法律（An Act against Intemperance, Immorality, and Profaneness and for Reformation of Manners）」です（※注4）。これは、イギリスとフランスからの猥褻文書の輸入を禁ずることを目的としたものでした。また、この法律に基づいた摘発処罰も二例しかなかったそうです（※注5）。これは、アメリカで宗教的な規範がよく維持されていたことを意味しているのかもしれませんし、逆に、広大な植民地において法を実際に適用することが困難であっただけかもしれません。

この状況を理解するためには、フランスの思想家アレクシ・ド・トクヴィルが『アメリカのデモクラシー』（松本礼二訳、岩波文庫、二〇〇五〜二〇〇八年、全四巻）という本で述べたことが参考になると思われます。彼は、当時のアメリカ社会には言論を規制する法律が存在しなかったことを指摘しています。その理由として、共同体の常識、宗教的規範が非常に強固だったため、それに反するような言論を公にしようという者が誰もいないからだと言っています。そして、トクヴィルは「アメリカには言論の自由が存在しない」と結論しているのです。

また、警察機構や裁判機構などの社会制度が完備していない植民地の辺境において、秩序維持は、単独の「保安官（sheriff）」、または保安官すら存在しない状況で行われました。このため、正式な法の手続きによらない制裁（私刑）が広く行われていたのです。こうした法の手続きによらない判断や処刑は、当然、法的記録としては残りません。アメリカにおいて、組織立った私刑が見られなくなるのは、一九世紀半ばを過ぎてからだと言われています（※注6）。

このような背景を考えると、性に関する宗教的な共同体規範への違反は、正規の法の手続きを経ないまま処理されていたのではないかと推測しても、大きく誤っていないものと考えられるでしょう。

アメリカの性規範　BはOKだが、Cはダメ

このように、アメリカの宗教的禁忌は、本国のイギリスに増してとても厳格なものでした。以下では、そうしたアメリカ社会の性規範について、具体的に見てゆくことにしたいと思います。それは、二〇世紀のはじめまでのアメリカ社会でかろうじて維持され、一九六〇年代末頃には完全に失われたものです。

自由と平等を掲げていたとしても、アメリカ社会は厳然とした階級社会です。この階級社会において、信仰すなわち生活規範が階級を示す標章として機能することで、上層階級の生活規範は競争のように厳格化していきます。こうして形成されたアメリカの青少年向けの規範は、結婚までは、童貞・処女であることが強く要求される厳しいものでした。ただし、性行為に至らない性的接触については、一定の範囲で寛容に扱われるという側面もありました。処女性は極めて重要なものだと認識されており、結婚前に処女を失うことは、社会的地位から転落しかねない失敗とみなされていました。しかし、生

身の人間として厳格な規範に従うことは辛いことであり、しばしば実行困難です（※注7）。そこで生理的な欲求と規範を調和させるための、現実的な制度が発達することになります。

このように、性的純潔に重い価値を置くアメリカの伝統社会にも、配偶者の選択過程において身体接触を伴う婚前の男女交際の習慣である「バンドリング（bundling）」が存在しました。バンドリングは、一七世紀から一九世紀のはじめ頃にかけてアメリカの東海岸で行われ、その隆盛期は一七五〇年から一七八〇年までとされています。バンドリングは、同時期にヨーロッパのイングランド、ウェールズ、スコットランド、オランダ、スカンジナビア、スイス、フランスにも見られた習慣であり、地域によって習慣の詳細は異なりますが、基本的には、男女一組が服を完全には脱がずに一夜を一緒にベッドで過ごすという「求愛行動（courting custom）」でした（※注8）。要するに「BまではギリギリOKよ。でもCはぜったいにダメなんだから！」みたいなことですね。一九世紀のはじめ頃にはバンドリングはほとんどなくなっていましたが、その特徴である制限的・段階的な身体的接触という規範は、それ以降の男女交際の特徴として維持されました（※注9）。

このように、身体的接触が男女交際の一部であったものの、性交そのものは男女交際から排除されていました。身体的接触それ自体は、純潔に反するものとされたわけではないので、性交とそれ以外の身体的接触との区別は非常に明確に認識されていたわけです。当時の若者は、基本的にこの純潔規範を遵守していたようです（※注10）。もちろん、バンドリングについては、我慢のできなかった男女により「事故」が起きたという記録もあるようですが、それでも娘が結婚できない危険を考えると、両親は男性からのバンドリングの申し込みを拒絶しなかったと言います。こうして性交さえしなければ、青年男女の欲求をある程度は発散できるような仕組みは、性的純潔に厳格なアメリカ社会の中にも組み込まれていたことがわかります（※注11）。

二〇世紀に入ると、公共な場所で行われる「デーティング（dating）」が男女交際の中心となります。デーティングは、多数の人とデートをし、それによって「人気（popularity）」を競うゲームでもありました。人気が高ければ高いほど、未来の夫や妻を選べる範囲が広がるからです。結婚相手に相応しいと考える相手に出会うとステディとなって、結婚を前提とした付き合いがはじまります。この時期にまた、結婚式が終わってからでなく、婚約の時点で処女を捧げる女性が増えました。しかし、婚約に至るまで純潔を保てなかった女性には「傷」がつくことによって妻や嫁としての価値

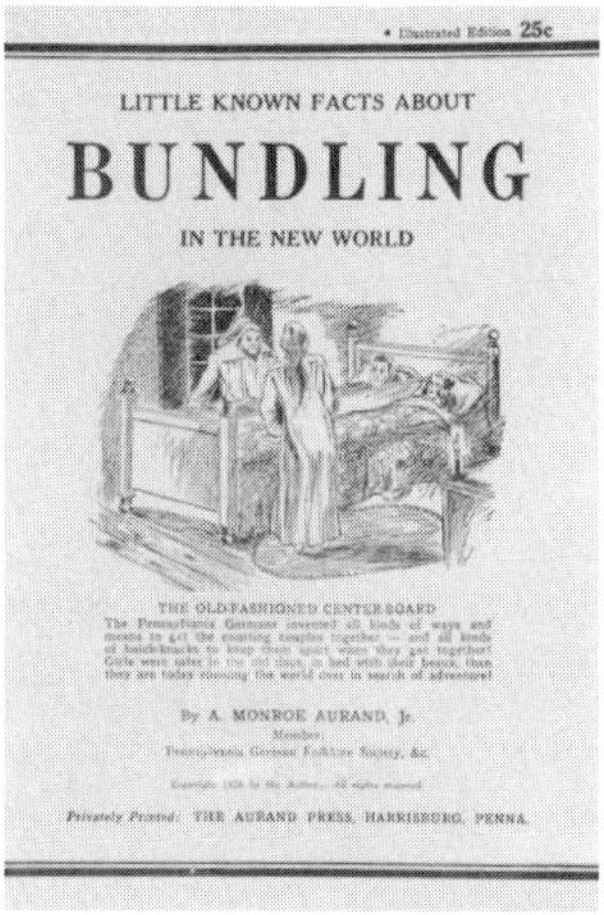

「バンドリング」について書かれたオーランド・モンロー Jr.の書籍（1938年）

がなくなり、デーティングというゲームでは負けることになるわけです。二〇世紀初頭にはこのような変化があったとはいえ、やはり「結婚しなければ性交は許されない」という考え方に、基本的な変化はありませんでした。

しかし、第二次世界大戦後、婚前の男女交際の形態が再び変化します。この大戦で約二五万人の男性が戦死した他、約九万人が戦地の外国から妻を得てきたことなど、戦後の男性不足をきっかけに、女性にはデーティングというゲームを楽しむ余裕がなくなり、ますます、できるだけ早い時点でステディの相手を見つけることに重点が置かれるようになったのです。とはいえ、純潔の規範自体にはまだ強い拘束力が残っていて、「愛―性―結婚」の三位一体の神話は、そのまま一九六〇年代末の解放運動の時代までかろうじて維持されることになります（※注12）。

ここで注意しておきたいのは、純潔が強調されていた二〇世紀までのアメリカにおいても、欲求を制御するための制度が存在していたということです。すなわち、清教徒的な性への厳格な態度は、誇るべき「公式」なものであり、バンドリングやデーティングといった性的欲求と規範の調節のための仕組みは、「非公式」なものであったとはいえ、ある種の制度的なバッファとして存在していたのです。私は一九世紀末、開国間もない日本が西洋の性規範を受け入れていくとき、こうした非公式な仕組みが知らされなかったか、抜け落ちてしまった可能性が高いのではないかと判断しています。というのは、この当時、西洋を学びに派遣された日本人たちは、エリートであり、派遣先の国でどのような階層と交際したかを考えれば、彼らは「上品（decent）」な階層と交流したと考えることが自然だからです。

階級上昇と規範の厳格化　規範を自己強化する社会

さて以下では、たいへん大雑把な時代の把握となりますが、アングロ・サクソン系の白人であり、広い意味でのプロテスタントが中心であった初期移民の時代が終わり、異民族、異人種、異教徒がアメリカへの移民を増やしていった時代について見たいと思います。

時代が下るにつれ、宗教的迫害によってではなく、経済的な理由によってアメリカへ移民する人々が次第に増えるようになりました。いくらかは、新しい大陸で経済的な飛躍を目指す資産家や経営者であったかもしれませんが、私が歴史に関連した文献を読む限り、そのほとんどは欧州で厳しい生活を送っていた人々が、生きるためにアメリカへ渡ったと見てよいでしょう。

もちろん、アングロ・サクソン系白人である初期移民も、ほとんどが豊かであったとは考えられません。しかし、清教徒である彼らには、物質的豊かさは意味のない基準でしたから、財産の多い少ないは、社会における人間の価値の基準にはなりませんでした。彼らにとっての人間の価値は——なんらかの意味で——信仰の強さで測られたのです。

こうして、社会はその主たる宗教に近い順序に序列化されることになります。すなわち、「白人種のプロテスタント」→「白人種のカトリック」→「異人種のクリスチャン」→「異教徒」→「奴隷（多くは黒人種）」という順番です。このような社会では、信仰の強さが社会的上層階層に属していることを示す標章として機能します。また逆に、共同体の規範と一体化している宗教上の規範に従えないことが、社会的下層階層に属している標章として機能することになります。ヨーロッパではかつて宗教権力を基盤としていた性規範が、新大陸ではそうした歴史から切り離されて、そのまま宗教規範＝社会規範であるような状況が生み出されたというわけです。

先に述べたように、「下品（indecent）」が成立するためには、「上品（decent）」概念が成立していなければなりません。この段階におけるアメリカの上品概念は、プロテスタントとしての行為規範を遵守していることを意味していたことは間違いありません。それは、カトリックであるイタリア移民やアイルランド移民への差別的視線や迫害の中に、修道院（※注13）を題材としたポルノのイメージが流布したことからも、また、異教徒や黒人がしばしば性的に堕落した行為に耽っているという認識が、広く存在したことからも明らかです。イングランドの浮浪者の例について見てきたように、性規範の乱れやポルノグラフィは、しばしばその社会における下層階級のものとして（「猥褻」なものとして）イメージされてきたのです。

それでは、信仰を基準とした階層が形成されたことを受けて、この階層社会はどのように変化していったのでしょうか。また、それによって人々の規範意識がどのように形成されたのでしょうか。

第2次大覚醒の際にアパラチアで開かれた集会の様子（1839年）

アメリカでは、「大覚醒（The Great Awakenings）」（※注14）と呼ばれる現象が、一七三〇年代から一九七〇年代まで繰り返し見られました。大きな複合的運動なので、その原因や結果について単純化できませんが、ここでは単純化して取り扱うことにします。それらの大覚醒においてみられた共通の目標とは、⑴人の救済はすでに決定していると考える予定説（※注15）の否定、⑵聖書で禁じられている邪悪な衝動の抑制、⑶信仰的道徳の復興、とされています。すなわち、この大覚醒の呼び声に応えて、悔い改め、キリスト教徒として望ましい生活に移行することができれば救済されるという

「救済のキャンペーン」ということができるでしょう。そして信仰的道徳の復興とは、具体的には、(a)安息日の遵守と教会への集い、(b)禁酒、(c)売春婦保護、(d)奴隷制廃止、など、当時社会悪または社会悪の原因と見られた悪徳を糾弾し排除することでした。もちろん、(b)(c)(d)を進めることは、誰も反論できない一般善だからこそ、多くの人々の同意を得て、大きな活動になり得たわけです。

この大覚醒は、もう一つの面を持っていました。それは、増大するマイノリティを社会的に包摂する一種の社会運動という側面です。大覚醒がいずれも産業転換や異教徒移民の増加や、不況失業といった社会的危機の時代に生じていることからわかるように、それは、その時代までに形成されていた社会の主流となっているキリスト教共同体から排除されていた、周辺または下層の人々を、主流の共同体に統合することによって、主流派の勢力を増大するための仕組みとも言えるのです。

もし、アングロ・サクソン系白人プロテスタントから構成される共同体のみでアメリカ社会の上層を形成し続けていたら、続々と増大する移民たちによって、いずれ社会の多数は非主流派で占められてしまうことになります。そこで、プロテスタント的価値観や道徳を受け容れて、その序列に従うことを受け容れた非主流派の人々をプロテスタント共同体の中に招き入れて、アメリカ社会における階級上昇を可能にする、という機能が大覚醒にはあったわけです。

それまで、主流派から排除されてきた人々は、プロテスタント的規範に沿った生き方に回心することで、望ましいとされる主流派の価値観の中に統合されました。ここでの要点は、そうした新しく統合された人々こそが、もっとも先鋭的な価値観や道徳の支持者になるという心理状況が生じるということです。これは第一章でも述べたような、非貴族から貴族に「なりあがった」人物こそがもっとも貴族的にふるまおうとする、という心理状況、すなわち「スノビズム」と同一の現象です。近代において勃興した市民階級が、上層階級や宗教的権威の規範を積極的に内面化したように、アメリカ社会でも「大覚醒」によって、プロテスタント的な規範の純粋化がおしすすめられていくことになるのです。

たとえば、第三次大覚醒の運動の中で、「革新主義（progressivism）」と呼ばれる運動が生じました。第三次大覚醒とは、二〇世紀初頭から第一次世界大戦までのアメリカで、国内政治をはじめ社会や文化の各分野で広く盛り上がった、改革運動を指します。すでに一九世紀の後半以来、独占産業社会のもつゆがみと、それに伴う政治の腐敗に対して、一部地域の農民や労働者から不満が表明されていましたが、この革新主義の時代には、都市中産階級、一般消費者を含むより広範な地域の、より多くの階層・職種の人たちから改革を求める声が高まってきたのが特徴です。学者、文筆家、聖職者、高等専門職者たちが指導者となった改革運動は、独占企業の告発から政治改革、婦人参政権運動、教育や労働条件の改善、貧民救済、そして禁酒運動にまで及びました。

個人の宗教的回心と伝統的価値の復興である大覚醒をバネにして、革新主義は、社会悪の糾弾とその改善に向かいました。そこでは独占企業家や政治家のような、経済的価値における上層階級と見られた階層の堕落が問題視されました。こうして、道徳的に腐敗した上層階級を糾弾することで、中産階級と労働者階級が連帯したのであり、道徳的により優れた（と自負する）中産階級が、道徳や規範を受け容れた下層階級の社会的上昇を支援するという状況がつくられたのです。

デビッド・ノッターの『純潔の近代』（慶應義塾大学出版会、二〇〇七年）という本では、そのあたりの事情を以下のように説明しています。

モッセ（George L. Mosse）は、ナショナリズム（国民主義）とセクシュアリティの統制の関係に、リスペクタビリティという言葉に代表される中産階級に生まれた価値観が果たす役割を強調する。ヨーロッパにおける中産階級の価値観、「リスペクタビリティ」がセクシュアリティの統制を通して、一方では下層階級へと、他方では上流階級へと広まっていく過程のなかで、自己統制能力＝男らしさという等式が出来上がるのである。その歴史的過程がそのままアメリカに当てはまるかどうかは疑問だが、リスペクタビリティがアメリカの一九世紀の中流階級の理想であることはたしかであり、自己統制能力が中産階級の男性の「成功」にとって必要不可欠だと思われていたことも明らかである。このような自己統制能力が試された場の一つが「純潔」な中流階級の女性とのコートシップにほかならない。（同前、五四頁）

それら大覚醒や革新主義の時期に、社会で要求される道徳水準は上昇し、規範を遵守させる圧力は増大しました。もちろん、これらの運動の成果として、刑務所改革、禁酒、婦人参政権、奴隷解放などが実現したのですから、総体としては有意義な活動だったと評価すべきでしょう。ただし、婦人参政権と売春婦保護が結び付いた婦人参政権運動と、これに続く婦人解放運動が、重大な社会の悪徳として掲げたのがポルノグラフィであったことが、後の性表現規制に強い影響を及ぼすことになったという事実は否めないことだと思います。

婦人参政権運動と婦人解放運動　えっちな表現もいけないと思います！

一九世紀には、移民に加えて農村部から若い独身者たちが大量に都市に流入したことで、都市における宗教や道徳の影響力が低下したと言われています。その象徴とされたのが都市におけるポルノの普及です。さらに一九世紀末には印刷術の発達を原因として、多様な出版物が大量に庶民に送り込まれました。その結果が、ゴシップとセンセーショナリズムにまみれたイエロージャーナリズムでした。これは、新聞の発行部数等を伸ばすために、「事実報道」よりも「扇情的なこと」を売り物とする形態のジャーナリズムです。多彩な形容詞と誇張の使用や、迅速さを優先した事実検証不足のニュース速報、あるいは出来事そのものの捏造によって作り出された物語、などの形式をとるものです。これは特にアメリカ合衆国で一九世紀を通じて広く見られ、新聞読者数を大幅に増大することに成功しました。それは、当然に性的な表現物の普及蔓延にもつながったのです。それらは男性の性的攻撃性――ソドミーやオナニーを煽るものとして非難の対象となっていました。

19世紀末のキリスト教系の婦人団体のひとつ「女性キリスト教禁酒連合」(1888年頃)

このポルノグラフィを激しく攻撃したのが、キリスト教系の婦人団体です。婦人参政権運動は、一八〇〇年頃から一九二〇年まで続く息の長い運動です。神のもとの平等を理由として、奴隷解放運動や婦人参政権運動は、教育（信仰）ある女性たちによって長く続けられてきました。それは、日常的な婦人たちの裁縫会や料理会やバザーといった行事を媒介として組織化されていました。逆にこうしたキリスト教婦人団体から排除された女性たちは、より強く被差別状態に置かれることになったのですが、ここではそれについては触れません。

リンカーンをはじめとし南北戦争までを含むさまざまな人々の活動が成果を実らせ、キリスト教婦人団体は、一八六〇年代に奴隷解放に成功したと言い得る状況を迎えました。そして、彼女らの次の目標は、参政権の獲得による女性の地位向上へと設定されました。このとき、キリスト教の「節制」の教義を前提としてみれば、飲酒せず買春しない婦人は、倫理・道徳的に男性に優位している、ということが運動の戦術として採用されました。すなわち、彼女らが飲酒や性的堕落を批判すれば批判するほど、男性の優位が揺らぎ、女性の優位が強調されるという構図です。

再びノッターによれば、それは次のようなかたちをとりました。

また、当時の貞操に関する二重基準も、男の女に対する抑圧的な措置というよりは、女性が自ら受け入れたと考えられる。なぜなら、女性が純潔を独占することによって、男女間における女性の道徳的優越を主張することができたからである。赤川〔学〕はこの現象を「性的縮小均衡戦略」と呼んでいる。つまり、それによって、

「女性は（中略）性的に放縦な男性に対して優位に立ち、男女の平等を実現しようとする」わけである。デグラーによると、当時のメディアで唱えられた女性の道徳的優越は、当時の男性の日記や手紙をみるかぎり、完全に受け入れられていたという。また、サイドマンによると、「女性は、精神的な愛というイデオロギーに訴えることで、男性に自制を強いるための説得力のある理由付けを手にしていた」。これは結婚生活でも性の主導権を女性に譲る結果を生むが、婚前のコートシップにも影響を及ぼすことになる。（同前、五三頁）

やがて、キリスト教婦人団体が推進したそれらの運動は、禁酒にも成功し、一九二〇年代にはアメリカで悪名高い「禁酒法」が実施されるに至ります。すると次の標的は、男性の性的堕落になるのは当然のことです。

婦人参政権を獲得したのち、女性の地位向上は、それまでのデモ等を用いた直接行動から変化して、政治的・立法的手法によって推進されることになりました。ここでも、女性の道徳的優位性を強調するため、キリスト教婦人団体は、長い間やむを得ない社会悪として認識されてきた売春を「男性による女性の性的搾取」と見る立場を打ち出し、また売春の存在は「女性の尊厳を冒涜するもの」と位置付けました。

こうして、性産業従事者は男性による性的搾取の「被害者」として位置付けられ、これまでの大覚醒等で繰り返し見られたのと同様に、宗教団体による性産業従事者の「回心と信仰を通じた救済」の運動が行われました。この女性の尊厳を回復する運動の中で、男性の性的攻撃性を非難するために、実際の売春のみならず、性を商品化するポルノグラフィへの非難も強化されました。そのポルノグラフィは、ソドミーやオナニーを煽り、強姦等の性的犯罪へと若者を誘導する入口となると位置付けられることになったのです。

ここにおいて、性規範（性規制）は「性表現規制」として本格的に法制化されていくことになります。つまり、「えっちなのはいけないと思います！」ばかりではなく、いよいよ「えっちな表現もいけないと思います！」ということが、法律という具体的な制度を通して具現化していくことになるのです。ポルノグラフィに対するキリスト教婦人団体からの政治的・法的攻撃が活発化するのは、一九〇〇年代に入ってからのことです。次章では、その展開の詳細について見ていきたいと思います。

③第三のまとめ

さて、ここで再び議論をまとめておきましょう。これまでの記述で、一九世紀はじめ頃まで、性に関する問題は、世俗の法の問題ではなく、宗教における規範の問題として扱われていたことがわかったかと思います。ただ、ヨーロッパでは宗教における規範が市民生活を覆っていたために、一九世紀を通じて宗教権力が低下していく中で、すなわち世俗化していく中で、宗教における規範が市民の法に置き換えられていきました。また、宗教権力が衰退するのに対応して、宗教関係者たちも宗教における規範を「市民の法」として位置付けて、従来の規範を維持しようと努めたことがわかります。そうした中で女性は、性から隔離された存在として位置付けられていきました。それはおそらく女性の自然なあり方を大きくゆがめたと思います。

その一方で、先に述べた宗教における規範が、性的なものを徹底して抑制することを望ましいものとしたため、二つの傾向を生み出しました。一つは、産業の発展により、中下層階級から階級上昇を果たす人々が増えていく中で、こうした規範を守る「上品」さが階級の標章として機能し、人々がそれを求めたことです。こうして表面的にはたいへん「上品」な社会状況が演出されました。

とはいえ、完全な性的純潔を維持することは、生物である人間には困難なことですから、ヨーロッパにおいてもアメリカにおいても、若者たちの性欲を発散させて緩和する仕組みがちゃんと存在していたことも指摘しました。しかし、それらの緩和策は、純潔を強調する社会においては、表だって語られることのない「裏」の仕組みであったわけです。

もう一つは、その「規範」の領域においては、これまで抑圧されていた女性が、性的に比較的自由であった男性に優位する、という状況を生み出したということです。そこで、社会における女性の地位を向上させる運動の中において、性規範を強調し、性的な「だらしなさ」を批判糾弾する戦術が採用されました。私が見る限り、性的な規範を強調し、その逸脱を批判する理由は、これがもっとも大きな動機になっていると思われます。つまり、性規範というのは、階級と階級が主導権を争い合う場所となっているのではないかということです。

これまで見てきたのは、性規範というものが本来は上層階級の財産維持のために要請された、政治・経済上求められた規律であったということです。それがキリスト教の道徳と結び付くことによって、性規範は今度は宗教権力が政治・経済上の監督権を確立するための場となりました。それが近代になって、それまでの根拠（財産維持・宗教的権力の維持）を失った後に、「道徳」として内面化されていきます。しかし、そうした規範によって抑圧されていた人々は、その規範そのものの前提を疑うというよりも、むしろそうした規範をより内面的に純化していくかたちで、その社会における支配的な秩序の中に自分たちを位置付けようとしていったのです。

こうして「えっち」をめぐる戦いは次の段階に進むことになるのです。

第四章（法制史編）
「えっちな表現」はいかに
取り締まられてきたか

①アメリカ議会における性表現規制の法制化の過程

性表現規制はいかに法制化されたのか

さて、ここからは、これまで見てきたような社会の反応を基礎に、それが権力的な仕組み、すなわち強制力を伴って具体的に運用される法制度へと結晶化していく過程を検討したいと思います。

これまでの性および性表現に関する社会の反応は、かなりの程度人々の活動の混沌の中から生じた、ある程度の曖昧さを含んだものでした。しかし、これが制度として結晶化する場合には、社会の諸集団の利害関係が衝突・融合する過程としての「政治」と、この政治過程を理論的な枠で限界づけて強制力を付与する「法的正当化」の二つの過程を経由する必要があります。ここからは、私の専門領域の限界から、もっぱら英米法領域での性表現規制の発達過程をたどり、現在の性表現規制の内容や社会的作用を説明することを目指すことにします。

この章、そして次章の大部分は、三島聡の『性表現の刑事規制』（有斐閣、二〇〇八年）に大きく依存しています。とはいえ、この本での素材の解釈や論点の選択は、三島のものと異なっています。三島がアメリカにおける性表現規制の全貌を、中立に客観的に描こうとしているのに対して、私は、性表現規制をめぐる利害関係者の力学が、最後の規制根拠としての「児童ポルノ」という領域へと、焦点を結んでいく過程を描こうとしている点で異なっているのです。

アメリカ議会の反応　『一娼婦の手記（ファニー・ヒル）』の有罪判決

性道徳や性表現を問題視するようになるアメリカ社会の変化について、一九世紀はじめの「都市化」「青少年教育への関心の高まり」「出版事情の変化」が挙げられます（※注1）。英米法では、口頭による表現と文書による表現を区別して考える伝統があります。たとえば、名誉毀損に関して、「文書による名誉毀損（libel）」と、「口頭による名誉毀損（slander）」は別の類型の不法行為として取り扱われています。

口頭での表現については、具体的な害があるとの訴えがない限り、自由にまかされていました。しかし、書かれた表現については、それが社会に流布することでより強い影響があると考えるのです。それゆえ、性表現に関する問題が顕在化する背景として、印刷物が社会に流布することが条件であることは言うまでもなく、また教育の普及で識字率が十分に高まることも条件となります。

こうした変化が青少年教育と結び付くときに、「純潔無垢」であるはずの青少年を守るために、道徳を堕落腐敗させる傾向のある表現を禁止すべし、という主張になるわけです。

エドゥアール＝アンリ・アヴリルによる『一娼婦の手記』の挿し絵（1907年）

すなわち、一九世紀の前半においては、先に紹介した社会道徳の向上を主張する信仰復興運動である大覚醒という大きな潮流に加えて、印刷技術の発展に伴うメディア状況の変動があり、これら二つが結び付くことで、性表現規制が社会防衛に関係する政治的課題として認識されるようになったのです。

こうした一般の認識を受けて、議会は性表現規制に積極的でした。一八二一年にマサチューセッツ州最高裁判所が、一八世紀イギリスの小説で、当時アメリカに輸入されて問題視されていた『一娼婦の手記（ファニー・ヒル）』とその挿し絵として使われた絵を出版した人物をコモン・ロー上の有罪としました（※注2）。コモン・ロー上の犯罪は、制定法上の犯罪と異なり、議会の制定した法によらず、中世に遡る判例法にもとづいて有罪とし刑罰を課すことができるもので、近代法が採用している罪刑法定主義に照らすと認められるものではありません。

このように、英米法では中世以来、「一般の人々が当然に害悪と認識するだろう」という行為を判例法上の処罰の対象としてきました。ということは、マサチューセッツ州最高裁判所の判決が示しているのは、この時期にはすでに「性表現の抑圧が社会的な正義の観念に沿う」という認識が一般化していたということなのです。こうして、『一娼婦の手記』は裁判で有罪となったものの、判例だけでは法制度上不安定なので、議会が立法等の対応をすることになりました。こうしたことは英米法ではよくあることで、裁判によってある法理が確定したとしても、一般性に欠けていたり、解釈に曖昧な点がある場合、議会が法律文のかたちで法理を明確に定め、法律にするのです。

州における対処　各州が競って法制化を進める

さて、『一娼婦の手記』のコモン・ロー上の有罪判決を受けて、一八二一年のヴァーモント州法では、次のような規定がつくられました。

以後、淫ら（lewd）、または猥褻（obscene）な書籍、絵画、または図画（print）を、印刷し、出版し、または販売した者は、有罪の責を負い、最高裁判所（supreme court）において、二〇〇ドル以下の罰金に処せられる。（※注3）

続いて制定された一八三四年のコネチカット州法では、印字された書面や視覚に訴える表現を広く規制対象に含めるなど、処罰の範囲が広がっていました。ここで、コネチカット州法について注意すべき点があります。それは、「規制対象となる表現を文書とそれ以外の図画等の二種に分け、図画等については『猥褻な……性質を持つ』ものとしているのに対して、文書については、（中略）『猥褻な言葉を含む（containing obscene language）』ものとしている点」です（※注4）。つまり、ここでは作品全体の猥褻性ではなく、「そこに猥褻な単語が含まれれば、作品全体が猥褻なものとして扱われる」という厳格な基準が設定されたということです。

さらに一八三五年には、マサチューセッツ州でも同様の立法がなされました。内容としては「猥褻な言葉を含む」文書を規制するコネチカット州法を継承しながら、「あきらかに未成年者の道徳を頽廃させる傾向のある」という条件を加えています。さらに処罰の対象となる行為を広げて、処罰もさらに重くなりました（※注5）。

こののち、一八四〇年代には、イリノイ、ミシガンで、一八五〇年代には、アイオワ、オレゴン、ミネソタで、一八六〇年代には、ペンシルヴァニアで、というように、性表現を制定法で禁止する州は拡大していきました（※注6）。もちろん、性的な表現を害悪とする見方が拡大していったことが主たる理由でしょう。しかしながら、ここには、あるA州がそうした立法を行ったとき、他の州もまた同様の、あるいはさらに厳格な立法をしないと、A州に対して道徳的に劣っていると見られる、という競争心が働いた側面もあるのではないかと考えられます。私はこれを「上品競争」と名付けています。

連邦議会における対処　流通面からの間接的な規制

さて、アメリカ合衆国の連邦議会は、一八四二年になってはじめて猥褻表現を規制する法律を制定しました。ところが、これは猥褻なものの作成や販売を取り締まるものではなく、関税法の改正によって、猥褻表現物の輸入を禁止し、差し押さえや廃棄ができるようにしたにとどまりました（※注7）。しかも、この改正法の対象は「図画、絵画、石版画、彫刻およびスライド」であり、文書は規制対象から外されていたのです。

この関税法は、一八五七年にさらに改正されましたが、このときも文書は規制対象から除外されていました。三島聡『性表現の刑事規制』によれば、その理由は、「フランスから性的描写のある絵はがきなどが国内に入ってくることを防ごうとしたものではないかと言われている」ということです。たしかに外国語であるフランス語の文書については、アメリカ国内では社会的影響力が小さく、取り締まりの必要性に乏しいように思われます。しかし私は単純に、アメリカではたいへん重視される「言論表現の自由（freedom of Press）」を定めた合衆国憲法修正第一条があったため、そのPressの直接の内容である「文書」を除外することで、憲法論議を避けようとしたのではないかと考えています。

続く連邦での猥褻文書取り締まりの法律は、一八六五年の郵便法の改正でした（※注8）。これは「猥褻な書籍、絵画、図画、その他低俗で下品な性質の出版物は、これを合衆国の郵便物の中に入れてはならない」とするもので、書籍印刷物をも対象としていました（※注9）。これらのような、間接的で回りくどい規制手法を採用したのは、まず、先に述べたのと同様に、修正第一条における「言論表現の自由」の規定のため、連邦議会は、言論表現の自由を減らしてしまうような規定をつくることができなかったということが挙げられるでしょう。

もう一つの理由は、直接的かつ具体的な出版規制は、コモン・ローを基礎として州法等で規制されるものだということです。合衆国憲法修正第十条「この憲法によって合衆国に委任されず、また州に対して禁止していない権限は、それぞれの州または人民に留保される」、修正第十一条「合衆国の司法権は、その一州に対し、他州の市民、または外国の市民あるいは臣民によって提起あるいは訴追された普通法あるいは衡平法上のいかなる訴訟にも及ぶものと解釈してはならない」という規定により、連邦議会は、州のコモン・ローに関連する事項について法的規制権限を持たなかったからです。連邦議会は、合衆国憲法によって授権された事項、州際関係について立法・規制権限を持つにとどまります。

以上の点を前提にしますと、連邦政府で猥褻文書図画の規制を行おうとすれば、先の貿易関税や郵便や州際通商分野で、「取引」「流通」を抑制する他ないことになります。これが当時の連邦議会の対応でした。

②各種団体からの圧力　市民の側からの規制論

アメリカ議会の対応について、本論ではこれ以上の詳細には踏みこみませんが、ここでこうした立法の背景にある政治力学について見ていきたいと思います。

選挙民からの要望に応えることが任務である議員は、必ずしも多数派でなくとも熱心な集団の請願に応える傾向にあります。そうした議員たちから構成される議会は、性表現規制を求める団体の要望に比較的沿うかたちで、立法を行う例が多いのです。さらに、議員たちは、自らの道徳的優位を選挙民への宣伝に用いたいという動機があるため、しばしば性表現規制を求める団体以上に上品さを追求し、より強い規制を主張する傾向があります。つまり、民間の側からの規制論と議会の側からの規制論が相乗効果を生んで、立法を駆動しているということです。

このように、団体からの圧力に応じたかたちで、またそれを先取りするかたちで、議会は規制をつくり強化していたと評価してもよいでしょう。ここからは、どのような圧力団体が性表現規制を進めてきたのかを見ることになります。

宗教団体の主導　「ニューヨーク悪徳抑圧協会」の大活躍

アメリカでは、一八六五年の南北戦争終結後に奴隷解放が達成され、次の目標として性表現規制の機運が盛り上がってきました。これはわが国の明治維新の少し前のことです。このとき、性表現規制が関心を集めた理由には、次のようなものが考えられます。

まず、戦争に集中していた国民の関心が、ようやく他の問題に向く余裕ができたことがあるでしょう。南北戦争はアメリカの国制にかかわる奴隷制の是非を武力で解決するという根本的な大問題だったのですから、性表現規制などの些末な問題は視野の外にあったと考えてよいでしょう。

次に、メディア史ではたびたび観察されるように、戦争中の市場の拡大に伴うメディアの発展と、戦後の市場の縮小に伴うメディアの競争下でのセンセーショナリズムの増大が考えられます。戦争中の人々は、戦況について情報を欲するためメディア市場は急速に拡大しますが、戦争が終結するとその市場はまた急速に縮小します。すると、メディア産業は、社会問題のキャンペーンで市場を維持しようとするのです。たとえば、戦争で荒廃した風俗に迎合して生き残ろうとしたり、逆にそうした荒廃した風俗を非難することで社会の耳目を集めようとするわけです。

そして、先に触れた戦前から続く婦人たちによる社会改良運動が、戦後になってさらに強力に展開されたことがあります。その運動が掲げる目標である奴隷解放・売春禁止・禁酒のうち、南北戦争は奴隷解放の問題を解決しました。とすれば、次の目標が売春禁止（さらに性表現規制）に向かうのは当然のことです。そしてメディアにもそれを後押しする動機があったというわけです。

さて、「キリスト教青年会（ＹＭＣＡ）」は、一八六六年頃から、「猥褻な本や新聞が廉価で販売されており、これが青少年を売春宿に誘う原因となっている」と主張し、性表現規制法の制定運動を展開しました。一八六八年には、ニューヨーク州で性表現規制法を成立させることに成功します。彼らは、また連邦および他州への積極的なロビー活動を展開しました（※注10）。

このＹＭＣＡのロビー活動を主導したのがアンソニー・コムストックという社会運動

家です。敬虔なキリスト教徒であった彼は、一八六八年から個人的に性表現規制に取り組んできました。一八七二年にはＹＭＣＡに接近し、同団体に新たに設けられた「悪徳抑圧委員会（Commitee for the Suppression of Vice）」（※注11）の取り締まり担当者となりました。

コムストックは、書籍や雑誌の買い主を装った囮《おとり》捜査の手法を用いて、警察に多数の販売業者・出版業者を逮捕させもしました（※注12）。彼が摘発した書籍には、性表現を含まないものの、自由恋愛を推奨するなど、キリスト教の伝統的な性規範に反するような思想を唱道するようなものも含まれていました（※注13）。またコムストックは、個々の行為者の取り締まりにとどまらず、連邦および州の規制法の導入強化でも活躍しました。先に示した連邦の郵便法や関税法改正は彼の活動の成果です。

やがてコムストックは、自身が働きかけた新しい連邦郵便制度（コムストック法）において、猥褻表現取り締まりの特別担当官となります。こうして私的な団体であったはずの悪徳抑圧委員会は、ニューヨーク州の執行機関として警察と連携しながら取り締まりを担当

アンソニー・コムストック（1844-1915年）

するようになりました。一八七三年の同州法は、委員会が「ニューヨーク悪徳抑圧協会（New York Society of the Suppressing of Vice）」という独立組織に移行するとし、協会を規制法の執行に当たる機関と認め、警察は法の執行においてこの組織に協力しなければならないと規定しました。さらに一八七五年には、協会の担当者には警察の代理として違反者を逮捕し、裁判所に引致する権限まで与えられたのです（※注14）。コムストックは大活躍です。

こうしたニューヨークでの規制強化は、他の地域にも影響しました。またもや州と州との間の「上品競争」がはじまってしまったのです。主要な諸都市で、やはり宗教家や熱心な信者が中心となって、悪徳抑圧協会に似た規制運動組織が次々に結成されました。またニューヨーク州法を見て、各州も同様の性表現規制州法を制定しました。こうして、一九世紀末までに少なくとも三〇州で規制法が制定されたのです。

ニューヨーク悪徳抑圧協会のシンボル

さらに悪いことに、規制法がその法の執行に宗教色の強い規制団体が関与することを認めたため、一八七〇年以降、性表現に関する規制が、アメリカ各地で非常に厳しくなっていきました（※注15）。このとき、性表現規制の理由とされたのが、先に述べたように「教育の改善に伴う識字率の向上」と「出版物の増大により、性表現にいっそう触れるようになった青少年を保護すること」、そして「女性の社会的地位の維持または向上」というものでした。ここで言われている「女性の社会的地位の維持」とは、避妊や中絶についての情報を抑止することで、伝統的な性道徳を維持することであり、その「向上」とは、女性が男性の性的快楽の犠牲になっている状況を改善するため、男性と女性で異なっている性道徳を、より厳しい女性の道徳律に合わせることで統一することでした。

一九世紀最大の女性団体であった「女性キリスト教禁酒連合（Woman's Christian Temperance Union）」（※注16）は、一八八三年に「不浄な出版物を制圧する部局」を設け、性表現制圧のための運動を推進しました。一九一五年にコムストックは亡くなり、後継者ジョン・S・サムナーが悪徳抑圧協会の運営を続けていました。しかし一九二〇年代に入ると、アメリカ社会が性に対してより寛容になったため、一九世紀末ほど思うままに性表現規制が実行できなくなってきました。とくに、法廷が猥褻性を認定する基準を変更したこと（※注17）が強い制約となったのです。

法廷は、単に猥褻な表現を含んでいれば作品全体を猥褻であると認定する態度をこの頃に変更し、仮に猥褻な表現が含まれていても、作品全体にそれを埋め合わせるような価値があると判断されれば、作品全体としては猥褻性がないものとして扱うようになりました。また法廷は、そうした埋め合わせる価値をしばしば見出すようになったのです。

そこでサムナーは、彼らにとって都合の悪い法廷の判断基準を、制定法で変更しようと図りました。彼は一九二二年にニューヨーク州最高裁判事や宗教関係者とともに、「書籍浄化連盟（Clean Books League）」を結成し、州法改正案を作成し、議会にロビー活動を開始しました。しかし、性規範に対する考え方が変わっていた第一次世界大戦後の社会では、それらの働きかけは機能しませんでした。議会は、二〇年代を通じてサムナーが求めるような法改正を認めなかったのです。

しかし、話はそこでは終わりません。「サムナーがやられたようだ……」「ふふふ、サムナーなど四天王の中でも最弱！」とばかりに、その後も性表現を規制しようとする動きはアメリカ社会の中で、一定の時期を置いてたびたび盛り上がっていくことになるのです。

業界による自主検閲　ボストン書籍販売業者委員会

古くからの学術都市として知られるボストンでは、一九二〇年代まで性表現で訴追される例はまれでした。それゆえ、性表現を取り締まる州法の規制が正当なものであるかどうかが、裁判において検討されることもほとんどありませんでした。こうした行儀のよい状況は、ボストンが上品な街だったからというだけではありません。「ボストンでは禁止（banned in Boston）」という慣用句にすらなった、厳格な事前抑制の仕組みが存在したためです。

そこでは、一八七九年に設立された悪徳抑圧協会のニューイングランド支部が改名した「ニューイングランド監視監督協会（New England Watch and Ward Society）」の幹部と、書籍販売業者で構成される「ボストン書籍販売業者委員会（Boston Booksellers' Committee）」が一九一五年に設立されており、出版書籍を事前検閲していました。ボストンでは仮にこの検閲に反して出版した場合、業界から排除されてしまい、協会からは刑事告発されたのです。これは先に触れたトクヴィルの観察、すなわち法規制が作用する前に、社会における強力な事前規制が作用している状況が、制度化されたものと言えるでしょう（※注18）。

この協会による事前検閲も、一九二〇年代には法廷の非難を受けるようになります。マサチューセッツ連邦地方裁判所は、「協会は犯罪を告発する権利を有しているものの、書籍や雑誌の取引業者に対して、自分たちの考え方を受け容れないなら訴追するぞ、と脅迫する権利はない」と述べたと言います。また、恣意的な検閲の実態が知られるようになるにつれ、協会は市民の支持も失い弱体化することになりました（※注19）。

しかし、協会の弱体化と入れ替わるように、警察・検察が性表現規制に積極的になりました。警察・検察は、それまでと同様に、猥褻表現だと判断した書籍を事前に業者に通知し、販売を中止させ続けました。やがて、この事前検閲についても市民から非難が向けられるようになります。特に、他州で問題なく流通している書籍が、マサチューセッツ州では禁止されていることを、州の保守性の表れであり恥辱であると認識する論調が現れるようになりました。このためマサチューセッツ州では、長い運動と議会での論戦のすえ、州法の改正によって、ようやく広範で過剰な事前検閲を、合理的に限定された規模に縮小することができるようになったのです（※注20）。

第二次世界大戦後の変化　再び性表現規制運動が活発に

南北戦争のときと同様に、第一次・第二次の世界大戦中は、性表現に対する民間からの非難の声は目立たなくなります。戦争のような、より重大な課題が目の前にあるとき、性表現がもたらす問題は、小さいものと感じられるのかもしれません。この時期は、相変わらず連邦郵便制度で、猥褻とされた書籍の流通が制約された程度にとどまりました（※注21）。

第二次世界大戦後も経済的混乱などで、性表現規制はあまり重要だと見られていませんでしたが、経済が安定した一九五〇年代に入ると状況が変わりはじめます。大きな戦争の後に社会の様相が大きく変化する事例は多く見られます。このとき、その変化を非難し、もとの状態に戻そうとする活動が必ず生じるものです。戦争が終わると、これまた南北戦争後のときと同じように、廉価な娯楽書籍が大量に出版されるようになりました。平和が訪れると、それまで戦争に振り向けられていたメディアの能力が余剰となって、いわゆる低俗な娯楽作品が世に送り出されることになってしまうのです。こうした競争下では、読者の目を引くために、性的な内容を含む作品が多く出回ることは避けられません。この傾向を受けて、一九五〇年代はじめから、性表現を抑制しようとする運動が再び展開されるようになりました。

連邦は、郵便法をさらに性表現に対して厳格に改正し、いまでは古典とされるような書籍を含む郵送禁止書籍リストを作成し、連邦行政手続法に反してまで性表現を抑制しようとしました（※注22）。州においても、州議会で性表現規制を強化する法案が次々に提出されました。それらの法案では、出版物について審査する委員会を設置する方針が多くとられることになります。

こうした規制強化の動きの背景には、「良書を求める全国の会（National Organization for Decent Literature）」という規制団体が存在していました。こちらは「悪徳抑圧協会」と比べてそんなに怖そうな名前ではありませんが、かなり強力な圧力団体でした。この団体は、カトリックの司祭たちで構成する委員会が、「下品（indecent）」な印刷物の出版販売に反対する組織的運動を教区民に起こそうとして一九三八年に組織したもので、その後全国的な規制団体として成長したものです（※注23）。彼らは、有害と思われる図書の販売業者に直接圧力をかけて、販売中止に追い込む運動も精力的に行いました。毎月ブラックリストを作成し、不買運動を用いながら、販売業者に対しそのリストに載っている出版物の販売の自粛を要求したのです。他にも、私的な団体がブラックリストを警察や検察に送付し、警察や検察から販売業者に圧力をかけ自粛を迫る方法や、警察が自ら出版物の内容審査を行い、販売業者に販売を中止させる方法などもとられました（※注24）。

一九六〇年代に入ると、公民権運動やベトナム反戦運動など社会運動が活発になりました。その方向性はより自由を求めるものであり、それ以前のアメリカの伝統や規範といった価値観を大きく変更するものが多かったため、当然、性表現についても自由化が進むことになりました（※注25）。この頃、先の「良書を求める全国の会」は、不買運動や、強迫・逮捕・訴追といった強硬な手段を行使したため、司法からそれらの手法の違法性を指摘され、また社会もそうした強圧的な検閲手法への批判を高めていました。

するると、そうした批判を迂回するような新しい規制手法を用いる団体が代わって設

アメリカにおける性革命のシンボル的雑誌「PLAYBOY」創刊号（1953年）

立されました。この「良書を求める市民の会（Citizens for Decent Literature）」は、カトリック教徒の弁護士チャールズ・キーティング・ジュニアが一九五七年に設立した団体で、当初はシンシナティ市内の規制強化を目指していました。同団体は後に拡大し、一九六〇年には全国組織となりました（※注26）。

この団体は、文字よりも写真を、書籍よりも雑誌を標的とし、（逮捕、訴追するぞという）威嚇ではなく、法律に基づいて実際に逮捕・訴追を行わせることにより規制を実体化していく戦術をとりました。逮捕・捜索・差押の促進、証拠収集の援助、会員による公判傍聴、担当裁判官への手紙攻勢などです。そして、この後の性表現規制に関する多くの裁判に、「法廷助言者（amicus curiae）」として参加しました。これは、個別事件の法律問題について、裁判所に情報または意見を提出する第三者のことを指します。裁判所からの要請や許可を得た個人・組織が、裁判所に意見書を提出したり口頭で意見を述べるものです。この制度は主に社会的、政治的、経済的影響のある事件で利用されています。それらの手法は、一方では規制団体や警察の恣意的で直接的な規制を減少させることになりました。しかし、他方ではこれまでと異なり、事前の告知がないまま逮捕・訴追されることになったため、販売業者の多くは、取り締まりの対象となるかもしれないと考えた出版物を取り扱わないようになりました。こうした萎縮効果が規制をさらに効果的にしたのです。

また、この時期に成長した表現規制団体としては、イエズス会（カトリック）の司祭ヒルらが一九六二年にニューヨーク市に設立した「メディアにおける道徳（Morality in Media）」があります。この組織も、「良書を求める市民の会」と同様に、性表現規制の強化を目的とした団体であり、訴訟支援を行いました。

これらの団体が活動した一九六〇年代前半には、後述するように、連邦最高裁が性表現規制に対して消極的な傾向を明らかにしはじめていたため、宗教家や規制運動家、保守派の議員たちが、何度も性表現規制を行うための委員会を設置するよう議会に働きかけ続けていました。この第二次世界大戦後の表現規制運動が、もっぱらカトリック系の活動家によって主導されたことも、興味深い傾向です。しかし、それらの活動は、いつも「アメリカ自由人権協会（American Civil Liberties Union）」（※注27）などからの強硬な反対に直面し失敗していたのです（※注28）。アメリカ自由人権協会は、憲法上の自由と権利を擁護することを目的とする大規模な民間組織です。

女性解放運動からの影響　性表現か、暴力表現か

これまで何度か触れたように、女性の権利や社会的地位の向上を求める運動は、第二次世界大戦前から長い間続いていました。政治や法における男女平等を求める動きは一

九六〇年代に盛り上がりを見せ、一定の成果をおさめました。ついで一九七〇年代に女性解放運動にかかわる人々は、社会の実質における男女平等を求め、政治や法の分野で認められた女性の権利を社会生活の中に反映させていくための運動に力を入れるようになりました。

社会における女性の置かれた状況について考えたとき、彼女たちは、一九六〇年代に顕著になってきた（男性の側の）性の解放が、女性の人権侵害に結び付いていると認識するようになり、女性が性的に従属的な立場を求めているかのような性表現を問題視するようになりました。こうして、これまでのキリスト教系の団体のような宗教的な理由ではなく、性権力の問題から性表現規制を求める運動が活発化することになります（※注29）。

その背景には、一九七〇年代半ばに、男女平等憲法修正条項の批准推進運動（※注30）が停滞する中で、運動に対するより広い一般的な参加を呼びかける必要が生じていて、このために戦略的にポルノグラフィ反対運動が用いられた面もあるとされています（※注31）。これらの運動において、ポルノグラフィが女性蔑視と女性への性暴力を欲望させ、その実践を助ける存在であるとして盛んに非難されました。

ここで注意しておかなければならないことは、ここで言われる「ポルノグラフィ（pornography）」とは本論で用いている性表現・性関連表現の中でも、男性の暴力的な性的興奮を引き起こすことを主たる目的とした、より限定的な表現範疇であることです。たとえば、ミネアポリスやインディアナポリスでは、規制対象となるポルノグラフィの定義として、次のようなものを掲げていました。

(1)苦痛や屈辱を喜ぶ性的な客体として、女性が描かれている。
(2)強姦されることに性的な快楽を感じる客体として女性が描かれている。
(3)縛られ、刃物で身体を切られ、不具にされ、打ち傷をつけられ、もしくは身体的に傷つけられる性的な客体として、または、手足を切断され、身体の部位の先端部分を切り取られ、もしくは身体をばらばらにされる客体として女性が描かれている。
(4)ものが挿入され、または動物に挿入されている女性の姿が描かれている。
(5)女性の尊厳を傷つけられ、傷害を負い、屈辱を受け、拷問されるという物語の中で、性的な状況において、淫らなものや劣っているものとして、または、出血し、あざをつくり、傷害を受けるものとして女性が描かれている。
(6)支配し、征服し、侵害し、搾取し、所有し、もしくは使用するための性的客体として、または隷属、服従もしくは見世物の格好もしくは状態にある性的客体として、女性が描かれている。

これらの定義を見れば明らかなように、ここで言う「ポルノグラフィ」とは、「性表現」である以上に「暴力表現」であると見ることが適切でしょう。

こうした中、一九八〇年代に入ると、一部のフェミニストたちが同様の理由で、ポルノグラフィを社会問題として取り扱いはじめます(※注32)。彼女らの視点からは、ポルノグラフィの存在そのものが性差別の一形態として認識されました。こうした運動を受けて、いくつかの地方議会では、性差別という観点からポルノグラフィを規制する条例が検討され、可決されました。ただし、ただちに全米書店協会や、アメリカ自由人権協会が、この条例を憲法違反だとして執行差し止めを求める連邦訴訟を提起しました。

たとえば、こうした条例制定を受けたミネソタ州ミネアポリス市長は、⑴修正第一条(政教分離、信教・表現の自由)との関連が十分議論されていない、⑵文言が過度に漠然としている、⑶女性は性行為の客体であるという考え方もまた修正第一条によって保障されるはずだ、という理由で拒否権を行使しました。また、これを受けて編成された特別委員会は、⑴ポルノグラフィの定義の中の「女性」を中立的な「人」に変更すること、⑵暴力的な描写に限定すること、⑶ポルノグラフィの取引に関する条項を削除すること、をミネアポリスの議会に勧告しました。結果的に議会は、⑴表現の一部分のみを取り出して猥褻性を評価しない、⑵適用範囲を限定すること、⑶暴力的描写を規制の中心に据えること、と修正し、これを可決しました。しかしこの修正もまた、修正第一条との抵触が問題となり、市長によって拒否されることになります。

このように見ると、「好ましくない表現だから抑制すべきである」という主張に対しては、憲法の言論表現の自由が対置され、また「性表現は女性差別だ」という主張に対しては、特に女性を対象とする性表現規制法は、憲法の平等条項の観点から、男性も含むかたちでの一般的な規定にすべしという考え方が対置されていたことがわかります。また、こうした条例に対して、別の視点に立つフェミニストからも批判が寄せられていました。それらの性表現規制条例は、性の抑圧を招くだけで、女性の解放と性差別是正にはつながらないとして、条例に反対する「フェミニスト検閲反対行動委員会（Feminist Anti-Censorship Taskforce）」が結成され活動してもいました。こうして、フェミニズムの運動内部においても、ポルノグラフィに対して対立する態度が見られたのです。

③第四のまとめ

ここまで市民社会において内面化した性規範が性表現規制へと結晶化し、法制度をつくり出していく過程を追ってきましたが、長くなりましたので、ここでいったんまとめておきましょう。

一九世紀の出版物の増大と一般層への普及、そして青少年教育の一般化を原因として、性表現規制が社会の関心事となりました。こうした問題意識を形成したのも、これを推進したのも、宗教的信条を基礎とした民間団体でした。また、議会を構成する議員たちも、社会の「善良」な道徳観に沿うことを当然と考えており、また選挙民たちからそのように期待されていました。議員たちには、そうした善良さを証し立てるためにも、規制を推進する民間団体と手を携えて性表現規制に積極的にふるまう理由があったと言えるでしょう。こうした民間団体と議会の活動により、各州では性表現規制法が備えられていったのですが、連邦全体については合衆国憲法の仕組みのため、郵便法による流通制限しかできませんでした。

しかし、第二次世界大戦後になると、宗教的信条を基礎とした民間団体だけでなく女性解放運動の立場からも性表現規制が主張されるようになったのでした。ここには、先にも述べたように男性に比べて社会的に抑圧されてきた女性の側から男性の側への異議申し立てという側面があります。そして性表現規制にはそうした政治的闘争の過程の中で、一種の戦術として採用されたという側面も伺うことができるのです。とはいえ、こうした戦術を是とするかどうかは女性運動の内部でも異論がありました。

こうして市民社会内部からの圧力と議員たちの利害関心のつり合いの中で、性表現規制の制度化がさまざまな曲折を経てかたちづくられていくことになるのです。

第五章（法制史編その2）

「えっちな表現」規制はいかに制度化されたか

①性表現規制に対する司法の対応

さて、前章ではアメリカの議会における性表現規制の立法過程とその背後にある社会的な力学について見てきました。ここからは、少し専門的な議論になりますが、アメリカの司法において性表現規制がどのように法的に位置付けられてきたのか、ということを主に合衆国憲法修正第一条、すなわち言論表現の自由との関係の中で、具体的な判例と共に見ていきたいと思います。性表現を宗教上の罪ではなく、社会的な罪（コモン・ローに反する行為）として把握する考え方を導いたイングランドの裁判例（一七二七年のカール事件）については、すでに紹介しましたが、そののちに、性表現規制は、どのような基準で法的に正当化されていったのでしょうか。

これまで見てきたように、性表現規制は社会の中でも性規範について敏感な一部の集団（キリスト教系の団体や女性団体）によって推進されてきました。それらの集団の運動によって、性表現規制をめぐる社会一般の認識が形成されていったと言ってよいでしょう。一方、修正第一条で言論表現の自由が保障されている限り、司法は、性表現規制を法的に評価しなければなりません。このとき司法は、規制団体や社会一般の要求に応じてきた議会の性表現規制に対してどうふるまったのでしょうか。以下ではそれを具体的な事件の概観と共に説明します。

ヒックリン基準　猥褻表現なんて当然違法でしょ

一八世紀を通じて、性表現を「社会への害悪」として把握する認識が、司法にも次第に広がりました。続いて、一九世紀を通じた「上品さ（decent）」を重要な価値とする認識の反映として、性表現を規制する法律がつくられるようになりました。しかし、法律によって定義されるべき「猥褻（obscenity）」の概念については、立法者もまた上品であったためか具体的に記述されていませんでした。

一九世紀も後半に入ると、次第に性表現に関する事件が多くなり、イングランドの法廷は「猥褻」について定義する必要に迫られるようになりました（※注1）。そして日本では明治元年に当たる一八六八年に、その基準を明らかにする最初の判決が出されました。それがヒックリン事件判決（※注2）です。この事件は、カトリック司祭の腐敗を告発するという真面目な目的で書かれ、その内容の半分が猥褻とは無関係な内容の小冊子（第三章で触れた「社会批判の方便としての『えっち』の暴露」に当たる本ですね）について、これが「猥褻

物」として取り締まりの対象となるか否かが争われました。そこで裁判官は、

(1)たとえ猥褻ではない真摯な目的があるとしても、その出版物が「猥褻物」であるという刑事法上の性格が左右されるものではない。

(2)基準になるのは、その種の出版物が、それを手に入れる可能性のある、反道徳的な影響を受けやすい人々を、堕落させ頽廃させるかどうかである。

という基準を示しました。

(1)の基準は、ひたすら上品さを追求した、当時のヴィクトリア朝的な価値観を反映したものだと思われます。注目すべきは(2)の基準です。そこでは、評価のポイントが「平均的な人」ではなく「反道徳的な影響を受けやすい人々」に置かれているのです。この「反道徳的な影響を受けやすい人々」というのは一体どのような人々のことを指しているのでしょうか？　ここでは、その「人々」が「浮浪者」を指すのか、「労働者階級」を指すのか、それとも、その当時には理性や知性において成人男性よりも劣っていると見られていた「女性」や「子供」を指すのか、あるいはそのすべてであるのかが曖昧です。つまり、この基準は、言外に「紳士は猥褻なものに触れても堕落も頽廃もしない」とも読めるのです。これは第三章で示したヴィクトリア朝時代の上品さの裏面を伺わせます。こ

の判決で示された基準は、「ヒックリン基準」と呼ばれ、イングランドだけではなくアメリカ各地でも採用されていきました。このとき規制の対象となった書籍の大部分が、扇情的な娯楽目的の書籍であったことは事実ですが、作品全体の価値を評価しなかったため、『アラビアンナイト』や『ダフニスとクロエ』、ヘミングウェイの『武器よさらば』など、現在では古典的名作とされるものも規制対象となっていました（※注３）。

こうした、現在の観点からすれば過剰に広く猥褻性を認めるヒックリン基準でしたが、常識が機能していたためか過剰規制となることはなかったようです。性表現を含んでいても社会的価値ありと認められるような作品が現実に訴追される例は、アメリカでは比較的少なく、実際に訴訟の対象となったのは、もっぱら通俗的なものか危険思想を含むものにとどまりました。

このため、一九二〇年代以前には、猥褻表現規制が表現の自由に抵触するか否かの憲法上の判断が問われる機会自体が少なく、詳細な考察をしないままで、なんとなく猥褻表現を規制することとそのものについては「当然合憲でしょ」とする傾向が続いていきます。つまり、いささか逆説的なのですが、この時期に社会的な価値を持つかもしれない作品ではなく、もっぱら通俗的な表現物や危険思想に当たるものがヒックリン基準で摘発されるという先例があったため、当時の判例の積み重ねが十分な論議を招くことなしに、「猥褻であれば法的に制約してもかまわない」すなわち「猥褻表現は言論表現の自由に含まれない」という考え方の根拠を形成してしまったのです。とはいえ、一九三〇年代には、単に猥褻な単語を含むか否かという、ヒックリン基準に対する疑問も強くなり、訴追されても真面目な社会的価値が全体として認められるならば、猥褻な単語を含んでいても全体として猥褻でない、という判断がされるようになりました（※注4）。

ちなみに、この時代までの猥褻表現の定義としては、「性的衝動を生じさせる傾向のあるもの」「淫らな考えを引き起こす傾向のあるもの」「性的衝動をかき立て、または性的に淫らな考えを生じさせるもの」「もっぱらいやらしさを追求したもの」「淫らな感情をそそるもの」「性欲を刺激する効果のあるもの」等が挙げられています。やはり、漠然として広いという印象は否めませんが、要するに「えっちなのはいけないと思います！」以上のことを言っていないわけです。

また、一九四〇年代には、戦争遂行のため国民道徳の引き締めが行政の側から行われ、言論表現統制が強化されましたが、裁判所は従来の判例を変更せず、行政の規制を憲法違反として拒絶し続けました（※注5）。ただし、この時期の猥褻性をめぐる裁判所の判断は、もっぱら社会的に価値があるとされた文学作品をめぐるものであり、ある文学・芸術表現が、猥褻か否かの境界を検討していたと言えるでしょう。ですから、明確なポルノグラフィに対する一般の態度としては、「性は道徳的に悪であり、ゆえに刑事規制の対象となる」という考え方そのもの（性表現規制そのものの合憲性）に疑問が呈されることはありませんでした（※注６）。

ロス基準　えっちでも社会的価値があればセーフ

さて、第二次世界大戦後にアメリカ社会では、性の解放が進みます。詳しくは後述しますが、アメリカにおける一般男性の実際の性行動が、思われていたほど規範的なものではないということを明らかにしたアルフレッド・キンゼイによる研究レポート『男性における性行動』が出版され、アメリカ社会の性に関する常識が覆され、既存の性規範に対して明らかな懐疑が向けられるようになると、これまでのヒックリン基準はしだいに顧みられなくなりました（※注７）。またこの時期、いくつかの事件の判決文の中で、性表現規制そのものの合憲性に関して言及されるようになりました。しかしながら、実務的な水準においては、過去の判例が機能し続けたためか、猥褻規制の合憲性を争う事件においても、猥褻規制は当然に合憲として扱われる傾向が続きました。たとえば、こうした判決では、性表現規制の合憲性の根拠として、次のようなものを掲げました。

(1)州は猥褻表現から市民を守る権限を持っていて、古くから猥褻表現を取り締まる制定法が存在し、猥褻表現物の譲渡がコモン・ロー上の犯罪として処罰の対象とされてきたこと。

(2)州最高裁が猥褻表現規制法の合憲性を肯定した先例があること。

(3)合衆国最高裁も、猥褻表現が表現の自由に照らして規制可能な範疇に入ることを示唆していること。

これを見ると、判例法の国では、過去行われていたことや社会の通念がいかに重視されているかがわかります。「これまで合憲として扱われてきたのだから、猥褻表現規制が合憲であることは社会的な事実である」ということですね。

また、「猥褻表現が表現の自由に含まれる」という主張に対しては、

(4)猥褻表現が人々の精神を頽廃させる危険性は極めて重大であることから、その出版や販売は、表現の自由を規制する「明白かつ現在の危険」の基準に該当するということ。

という理由が掲げられました。ここで言う「明白かつ現在の危険」とは、「公権力による言論の抑制が正当化されるのは、違法行為がいままさに生じる危険が高い状況において、それを促すような種類の言論を抑制する場合に限定される」という考え方です。簡単に

言えば、現在において差し迫った危険性が認められれば、憲法における表現の自由が規制されるのはやむをえないということです。そして「猥褻表現」は「人々の精神を頽廃させる危険性」において、この基準に該当するとされたのです。とはいえ、この「明白かつ現在の危険」の基準の適用については、「猥褻な本を読むことによって正常な性的欲望が生じるだけなら、抑制することは憲法上許されない」「通常人が猥褻な本を読むと社会的に有害な性的行動に出る、と信じるに足りる十分な根拠はない」という見解も見られました（※注8）。

こうした状況に変化を与えたのが、一九五七年のロス事件（※注9）です。ロス事件とは、ニューヨーク市で出版・書籍販売業を営んでいたロスが、性的な表現を含む書籍を連邦郵便制度を用いて宣伝・販売したことを理由に有罪とされた事件と、ロサンゼルスで同様の郵送による通信販売をしていたアルバーツが有罪とされた事件とを合わせて、「猥褻表現」が修正第一条によって言論表現の自由の範囲に含まれ得るかを連邦最高裁で検討した事件です。

この事件では、最高裁判決に先立つ控訴審判決のフランク裁判官による個別意見で、次のような問題点が指摘されました。

(1)猥褻表現が平均的な成人の行動に対して影響を与える、ということを誰も証明できていない。

(2)規制が猥褻表現物の子供への譲渡に限定されていないのだから、猥褻表現が少年非行に影響を及ぼしているかどうかは、そもそも考慮の対象とはならないはずである。

(3)現在、猥褻表現について刑罰を科されるのは、性的な考え・感情・欲望を生じさせたためであって、反社会的な行動を引き起こしたためではない。

フランク裁判官は、以上の理由から、猥褻規制が憲法の表現の自由に照らして正当化されるか疑わしいとしたのです。この指摘の前提にあるのは、そもそも言論・出版の自由を制約する法律は、対象となる表現が「平穏への侵害をもたらす場合」か「反社会的行為を引き起こす蓋然性が高い場合」であり、そのことを政府側が証明できてはじめて許容される、という考え方です。

この疑問を受けて、最高裁において「猥褻表現も修正第一条によって保護される言論であるかどうか」、そして「猥褻表現規制関連の法律の文言は、明確性を欠き、適正手続きの保障を定めた合衆国憲法修正第五条、修正第十四条に反するのではないか」という点に絞って審理が行われました。ここにおいてようやく、それまで自明とされていた猥褻表現規制が、言論の自由の範疇にあるかどうか、適正な手続きをふまえているかどうかが本格的に問われることになったのです。

しかし、結果的に法廷の意見は「猥褻表現規制は合憲である」というものでした。その理由として、法廷は次のようなものを挙げています。

(1)猥褻表現は、埋め合わせする社会的な重要性のまったくないものであり、修正第一条によって保護される言論出版の範疇に入らない。
(2)猥褻表現は、憲法によって保護されていないのだから、「明白かつ現在の危険」の問題を検討する必要はない。
(3)猥褻表現は、「好色的な興味に訴えるように性を扱うもの」であり、「淫らな考えを引き起こす傾向のあるもの」である。従って、芸術、文学、科学に関する著作等における性の描写は、それだけで憲法の保護を否定する十分な根拠とはならない。
(4)猥褻表現規制が上記の判断基準に従って適用されるならば、憲法の適正手続き条項にも反しない。

「ポルノグラフィは文学や芸術と違って、その弊害を埋め合わせる社会的な重要性がないのだから、憲法で守る筋合いはないよ」というわけです。さらに、「猥褻表現」はそもそも表現の自由の範疇に含まれないのだから、例外的に表現の自由を規制する「明白かつ現在の危険」の基準に該当するかどうかも検討する必要がない、とされました。

もし、ロス事件判決で「明白かつ現在の危険」基準が採用されていれば、猥褻表現規制は、ポルノグラフィが社会にもたらすだろう害悪を、社会調査や統計を用いて客観的に評価しなければならず、これを評価基準とし得る可能性もありました。しかし、最高裁は、「言論表現の自由」を保障している修正第一条の範囲から猥褻表現を除外することで、従来どおり裁判官たちの考える「公共的価値観」を基準として、猥褻表現を規制し得るものとしたのです（※注10）。

私はこのことは、現在に至るまで尾を引いていると思います。なぜなら、当時よりも「猥褻」の範疇が厳格になった現在においても、「猥褻表現」はいまだ表現の自由の外に置かれていますし（第一章でお話ししたように「猥褻」というカテゴリーに入っているということ自体が、それが違法表現だということなのです）、たびたび巻き起こる規制論においても「猥褻表現が性犯罪を助長している」などの社会調査や統計に基づかない臆断が語られ続けているからです。

とはいえ、このロス基準は、性表現規制の緩和の推進にも役立ちました。というのは、「猥褻表現は、埋め合わせする社会的な重要性のまったくないもの」という基準を反転すれば、「社会的重要性が存在すれば、その作品は『猥褻表現』の範疇から除かれる」ということも意味し、その表現は修正第一条の保護の対象となり得るからです。

こうして「えっちでも社会的な重要性があればセーフだよ！」という基準がかなり明

確化されてきました。とはいえ、その裏面は「ただし、ポルノなど無価値だがな！」ということでしたが。これまでも、一定の常識の範疇の中で社会的価値があるものは訴追されない、というケースはありましたが、これが判例として「基準」になったことはとても大きな出来事でした。

また、このロス事件では、九人中、四人の裁判官が法廷意見（ロスの有罪）に反対しており、そのうち二人が「修正第一条にはあらゆる表現が含まれ、猥褻表現であっても保護の対象である」と主張し、残りの二人が「猥褻表現と反社会的行為との因果性を証明できない限り、その規制は憲法違反である」としました。このように、ロス事件において、猥褻規制はたしかに合憲とされたのですが、それがかろうじて、と言うべき性質のものだったことは強調しておきたいと思います。

メモワール基準　他人のプライバシーを侵害しなければ「えっち」でもいい

ロス基準の提示後の一九六〇年代を通じて、裁判所は規制緩和をさらに進めていきました。すなわち、卑猥な言葉や露骨な性描写のために、従来なら猥褻性が認定されていた文学作品について、その文学的価値を重視し、猥褻性を否定する判決が現れるようになりました。この頃に、前章で述べたような「良書を求める市民の会」などの規制強化団体が、逮捕や訴追の威嚇といった手法ではなく、捜索・差押の支援、裁判支援、裁判官への手紙攻勢といった法的な活動を活発化したのには、こうした背景があったのです。つまり、規制緩和が進みはじめていたので圧力団体も戦術を変えてきたということですね。

裁判所による性表現規制の緩和傾向に対して、宗教家など保守的な人々は、最高裁裁判官に抗議の手紙を出したり、取り締まりを強化するように法執行機関に働きかけを強めたり、大統領に働きかけるなどあらゆる手段を講じて、法律による規制強化を模索しました。そして、このことは、性表現規制の争点が「常識」を基礎にした社会運動から、修正第一条をめぐる法の解釈と適用の問題へと変化したことを意味しています。

このように、表現規制をめぐる司法と規制団体との緊張が高まる中、一九六六年から七三年頃までの規制基準となる、メモワール事件判決（※注11）が現れました。

それまで猥褻表現の代表のように見られていた『チャタレイ夫人の恋人』の猥褻性が、グローブ・プレス社事件（※注12）で争われ、一九六四年に連邦最高裁でその猥褻性が否定されました。これ以降、社会的価値が認められるような文章に関しては、猥褻を理由とする連邦の配達禁止処分が適用されることはなくなりました。このグローブ・プレス社事件とは、グローブ・プレス社とリーダース・サブスクリプション社が、『チャタレイ夫人の恋人』の無修正版を郵便で販売することについて、連邦法に基づいて行われる猥褻文書の配達禁止措置が適用されないよう要求したものです。両社はさらに、同作品が猥褻文書に該当せず、法に規定された配達禁止物に該当しないこと、または仮に配達禁止物に該当するとしても、そのことが合衆国連邦憲法修正第一条および第五条で保障された原告の権利を侵害するもので不当である、との宣言的判決を求めました。これらの請求が認められたのです。

また、『一娼婦の手記（ファニー・ヒル）』を刊行したことで、マサチューセッツ州猥褻規制法で摘発され有罪となった一九六三年のパトナム社事件（※注13）に関連して、『一娼婦の手記』そのものの猥褻性を合衆国最高裁判所で判断することになった一九六六年のメモワール事件で、マサチューセッツ州では一八二一年以来伝統的に典型的な猥褻作品であると見られていた『一娼婦の手記』の猥褻性が否定されました。それ以降、この作品と比較した上で猥褻性を判断する傾向が現れ、規制緩和が大きく進むことになったのです。

メモワール事件判決で示された猥褻性の判定基準は以下のとおりです（※注14）。

(1)ロス事件判決によって示された猥褻表現の定義は、次の三つの条件を満たさなければならない。

(a)支配的な主題が、全体として、性についての好色的興味に訴えるものであること。

(b)性の描写が現在の共同体の基準に反するために、明らかに嫌悪感を抱かせるものであること。

(c)埋め合わせる社会的価値がまったくないものであること。

(2)ただし、わずかであるが社会的価値を有していると認められる場合にも、ただちにそれが猥褻表現ではない、とまでは言えない。この場合、作成や販売等の状況が、その本が憲法上保護されるか否かを判断する材料となる。

(3)その本が他の価値を排除する程度にまで、好色的興味に訴えかける目的で、営利的に利用されているという証拠は、その本に埋め合わせる価値（社会的重要性）がまったくないという結論を根拠付けるものである。

ここで示された基準は、これまでの先例からするとかなり厳格なものでした。しかしながら、この基準については、九人の裁判官のうち、三名しか同意しませんでした。その他の裁判官の見解には、前記基準のうち、「社会的重要性の判断は独立した要素として判断するのではなく、好色的興味への働きかけ、嫌悪感の判断と連動されるべき」とする異論や、「(a)(b)(c)の基準は、結果的に判断者である陪審や裁判官の主観に依存せざるを得ないので、基準として機能しない」とする異論が存在していたのです。しかし、こうした異論があっても、このときに『一娼婦の手記』が「猥褻には当たらない」とされたことは大きな出来事でした。

またこの時期、明確に限定された性的逸脱者の集団のために表現物が制作され、主としてこの集団に対して販売される場合でも、「その表現物の支配的な主題が、全体として、その集団の人々の好色的興味に訴えるもの」であれば、ロス基準における「好色的興味への訴えかけ」の要件を充足するとする一九六六年のミシュキン事件判決（※注15）や、猥褻性を判断する補助として、当該出版物の置かれた状況すなわち販売方法を考慮することが認められるとする、一九六六年のギンズバーグ事件判決（※注16）が現れています。なお、一九六〇年代末は、アメリカ社会において、プライバシーに関する考え方にいっそうの展開があった時期と重なります。この時期にステュワート最高裁裁判官は、前記のギンズバーグ事件の反対意見で、次のような興味深い論点を導入しています。

当該出版物を欲しない個人が、その出版物にさらされないようにするのを不可能ないし困難にするような露骨な手段、押しつけがましい手段がとられたために、当人のプライバシーが侵害されるような事件では、別個の憲法上の問題が生じるであろう。（中略）法律が、十分な情報を与えられれば、しっかりとした選択を行えるというほどに成熟していない人々への影響に限定したかたちで定められている場合にも、また別個の考慮が必要かもしれない（※注17）。

私は、性表現規制を正当化する適切な理由があるとすれば、ここにあるのではないかと考えています。つまり、他者の生活の自律（広い意味でのプライバシー）を侵害するような方法で頒布される性表現物はよろしくない、ということですね。

逆に、プライバシーの観点から性表現規制に制限を置いたものとして、一九六九年のスタンリー事件判決（※注18）があります。猥褻図書の出版にかかわっていると疑われたスタンリーのところに、警察が令状を持って捜索に入りましたが、出版活動の証拠はほとんど見つかりませんでした。しかし、寝室の机の引き出しの中から猥褻画像を記録した八ミリ映画フィルムが発見されました。これを理由としてスタンリーはジョージア州の猥褻規制法違反で逮捕されたわけです。これに対してスタンリー側は、まったく私的な単純所持を処罰することは、個人の私的自由や自律（プライバシー）への不当な介入ではないかと主張しました。

この主張を受けた連邦最高裁は、性表現規制が、個人の道徳的水準を問題としているものではなく、他者への侵害という社会的影響を目的としていることから、販売や頒布を目的としない性表現物を単純所持することを違法とするジョージア州法が、合衆国憲法修正一条で保障される精神的自由権を侵害する憲法違反であると判断しました。

「単純所持」というのは、猥褻に該当するポルノグラフィを持っているだけで罰せられるというもので、先ごろの日本でもしきりに議論されたものです。スタンリー事件判決では「修正第一条に照らして、家で一人でいる私人に対して、その行動を指図する権限は州にはない」「修正第一条の精神から見て、個人の思想の道徳的内容をコントロールする権限が、州にあると解することはできない」と判示し、私的領域における個人的な表現の享受に対して、国家が干渉できないとする立場を明確に示したのです。

ミラー基準　性表現規制のバックラッシュ

このように、一九六〇年代が過ぎていくうちに、性についてすでに体験するなどして知っている、あるいは知っていることが期待されている成人読者について、性表現を抑制する理由が維持できなくなってきました。文学作品ではなくはっきりとしたポルノグラフィの猥褻性が争われた一九六七年のレッドラップ事件判決（※注19）で、その出版物の猥褻性が否定されたため、これ以降一九七〇年代を通じて、レッドラップ事件判決を根拠として、性表現について猥褻性を否定する判決が続くようになったからです。同事件は、ニューヨーク、ケンタッキー、アーカンサスの三つの州でポルノグラフィの販売を理由に有罪とされた別々の三つの事件について、連邦最高裁がそれらポルノグラフィが刑法学上の「猥褻」に該当し得るかをまとめて判断したもので、それぞれの裁判官の見解には幅があったものの、問題となったポルノグラフィが「猥褻」に該当せず、修正第一条によって保護され得ると判断しました。

また、それらの判決の背後にある社会的な理由としては、一九五〇年代以降、人々の性行動に関する実証的な研究が報告され、性的な欲望や性的な感情やひいては大部分の性行動が、正常な人間生活の一部であり、社会的にもなんら問題がないことが認知されるようになったことも大きく影響しました。この点については、次節で詳しく取り上げることになります。

さて、連邦最高裁は、表現規制の及ぶ範囲を可能な限り小さくしようと論理構成していましたが、ロス基準が示した「修正第一条の及ばない表現類型の存在」の部分で意見がまとまりませんでした。そこで、先に書いたように、成人についての性表現規制が正当化できないという認識が広まると、性についてまだ知らない未成年へ向けられた性表現が禁止されるべき表現として浮かび上がることになります。

この一つの典型として、ニューヨーク州で未成年にヌード雑誌を販売した行為を州法違反としたことが、修正第一条に違反していないか否かを判断した、(同じ名前ですが、前述の一九六六年のものとは別の事件である)一九六八年のギンズバーグ事件判決(※注20)で示された基準があります。少し長くなりますが紹介しましょう。

(1)ニューヨーク州法の規定は、問題となった雑誌を店に備えておくことや、一七歳以上の者に販売することを禁止するものではない。それゆえ、未成年者を基準として成人の表現の自由まで制約することを違憲とした、先行する判決に反するものではない。
(2)ニューヨーク州法の規制が、青少年の憲法上保障された自由を侵害するとは考えない。ニューヨーク州は、（青少年の）社会的現実に適合するように、「猥褻」の定義を調節したにすぎない。このような調節をする権限が州にあるのは明らかである。
(3)青少年の福祉は、憲法上、州の規制権限の及ぶ事項である。性表現にさらすことが未成年者にとって有害となり得る、との立法府の判断が合理的だと言える限り、当該規定は、次の二つの利益に照らして正当なものと認められる。
(a)青少年の福祉について第一次的な責任を負う親やその他の者が、その責任を全うするために国家から援助を受ける利益。
(b)青少年の福祉に対する国固有の利益。
(4)猥褻表現は、憲法上保護される表現ではないから、「明白かつ現在の危険」なくして規制し得る。それゆえ、未成年者がそのような物件にさらされることが有害であるとする、州の立法府の判断が不合理でない限り、州は猥褻とされる表現を規制し得る。

「猥褻」に該当する表現は相変わらず表現の自由の埒外に置かれていますが、その「猥褻」の範疇に青少年へのポルノグラフィの販売を当てはめるために、さまざまな条件が付与されていっているのがわかるでしょう。ポルノグラフィを書店で売ることは違法ではないが、未成年者に販売することは違法である、ということですね。そして、その前提に「性表現にさらすことが未成年者にとって有害となり得る、との立法府の判断が合理的である限り」という留保があることも注意しておくべきだと思います。

このように、性表現に関する規制緩和が徐々におしすすめられてきましたが、一九六九年初頭にニクソン大統領が就任し、アメリカ社会は保守的傾向を強め、政府による表現規制は強化の方向に進むようになりました。さらに、それまでの自由主義的な傾向を持つ最高裁判所の裁判官たちが引退の時期を迎えていたため、ニクソン大統領は、四人の保守的な信条を持つ裁判官を最高裁判所に送り込むことに成功しました。こうして、一九六〇年代までに発展し続けてきた自由主義的な判例理論は、再び後退することになったのです（※注21）。

たとえば、一九七一年のライデル事件判決（※注22）や一九七三年のパリス事件判決（※注23）では、「たとえ、それを享受することを望む人々のみが享受するような状況であったとしても、その状況が、社会の性表現に対する感情を害し、環境悪化の懸念を生じさせるならば、州の性表現規制が認められる」とされました。これらの判決は、性表現規制をプライバシーから説明する観点、すなわち性表現を享受したいと考える人物のプライバシーと、そうした表現を受け取らせたくない、または受け取りたくない人々のプライバシーの利益を調整する観点から処理しようとした、それまでの判例の傾向に反して、性表現を享受することが許されるプライバシーを可能な限り狭く解釈するものです。

こうした傾向の中、現在も用いられている性表現規制基準である一九七三年のミラー事件判決（※注24）に至ることになります。ミラー事件は、請求していないのに、成人向け出版物の郵便による広告を送付された者から、送付元であるミラー社が告発され、その広告の送付が州法違反になると州裁判所で判示されたことに対して、ミラー社が州裁判所での判決の合憲性について、連邦最高裁の判断を求めたものです。これに対して連邦最高裁は、猥褻に関する新しい判断基準を示し、それまでの判決を破棄して州裁判所に事件を差し戻しました（※注25）。そこでの判旨は次のようなものです。こちらも、長くなりますが紹介します。

(1)ロス事件判決は、猥褻表現を「埋め合わせする社会的重要性がまったくない」ものと推定した。そしてメモワール事件判決は、この「埋め合わせする社会的価値がまったくない」ことの立証責任を検察官に課すよう、その基準を変更した。しかし、これは事実上不可能な要求だった。

(2)ミラー事件法廷は、以下の基準によって猥褻表現規制の許される範囲を示す。

(a)その作品が全体として好色的興味に訴えるものであると、現在の共同体の基準に照らし、平均的な人が認めるものかどうか。

(b)その作品が、適用される州法によって具体的に定義された性的な行為を、明らかに嫌悪感を抱かせる方法で描写しているかどうか。

(c)全体として評価したときに、当該作品に重大な文学的、芸術的、政治的、または科学的価値がないかどうか。

(3)先の(b)基準における州法の定義の例として次のようなものが挙げられる。(省略)

(4)問題となる作品が猥褻であるか否かを判断する際に、問題となる「共同体の基準」については、それが全国的な基準であることは要求されていない。

(5)言論出版の自由は、国民の望む政治的・社会的な変革をもたらすために、思想の自由な交換を確保するために認められたものである。そのため、目的が性的快楽や利潤追求にある性的行為の描写は、修正第一条の趣旨とは無関係である。

ここで(a)(b)(c)として示されているのが、「ミラー基準」と呼ばれるものです。ミラー事件判決では、メモワール基準が「なんらかの社会的価値があれば修正第一条の保護が及ぶ」としていたのをより狭く設定しました。すなわち、ミラー基準では、漠然とした「社会的価値または重要性」ではなく、文学・芸術・政治・科学という四つの領域のいずれかにおける重大な価値が存在することを要求してるのです。

また、(a)の基準と(4)の判示は、これまでの陪審による判断において曖昧だった「共同体の基準」を、全米に共通した基準ではなく、問題となる表現が取り扱われている地域での共同体基準で足りると、より限定的にしました（※注26）。(b)の基準は、当時州法に存在していた、性関連行為を規制する刑事立法を前提に、違法な性行為の類型を具体的に確定しようという趣旨です。そして、修正第一条の保護が及ばない「猥褻表現」の領域がたしかに存在することを確認しました。

このミラー事件判決で、性表現を享受したい人物と性表現を見たくない人物の間のプライバシーを調整する法理として、性表現規制が発展する道筋は途絶えてしまいました。そして、それ以前の基準であるメモワール基準を基礎に、さらに性表現規制を容認する方向へと進むことになったのです。

このミラー事件判決以後も、性表現規制に関する重要な判決がありますが、あまりに長くなってしまうので、合衆国連邦最高裁の事件を追うのは、ここで一区切りにしたいと思います。付言すれば、ミラー基準が採用された後、実際に社会における性表現規制が強化されたかという点については、それほど大きな変化はなかったようです（※注27）。ミラー事件判決は判例においてはメモワール基準以前への後退をもたらしましたが、実際の社会における性規範の「常識」はもはやかつてのように厳格なものではなくなっていたため、それ以上の規制強化を進めることは難しかった、というのが実際のところだったのではないでしょうか。

②性表現は本当に有害なのか？

ここまで、性表現規制に対して、合衆国憲法修正第一条を護持する立場から、性表現規制を可能な限り小さな枠の中に収めようと努力してきた司法について描いてきました。以下では、性表現規制の根本的な根拠となる、性表現の有害性に関しての実証的研究について紹介します。以下で紹介する諸研究は、いずれも規制推進派の危機感をかき立て、活動を活発化させる一方で、市民の一般認識や司法の判断に対して、より理性的対応をとるように働きかける効果を示していたと言えるでしょう。

性規範観念に影響を与えた研究　えっちなのは自分だけじゃなかった！

性表現の有害性に関する研究の先駆けとして紹介したいのは、テオドア・シュローダー弁護士が一九一一年に公刊した『〝猥褻〟文学と憲法』（※注28）です。ちなみに、シュローダーは一九〇二年に、ニューヨークで「自由言論協会（Free Speech League）」を設立し、後の「アメリカ市民自由連合（American Civil Liberties Union）」の基礎を築いた人物です。その内容は、次のようなものでした。

言論の自由は実害のない限り保障されるのであり、実害のない猥褻表現を規制する連邦郵便法や州法は、合衆国憲法修正第一条や州憲法に違反し無効である。また、規制法は、猥褻か否かの判断基準を明示しておらず、憲法の適正手続き条項に違反している。そもそも猥褻性は、その表現の客観的性質ではなく、猥褻か否かはもっぱら読者の主観によって決せられるものである。従って、いかなる判断基準をたてようとしても、判断者によってまちまちになることは避けようがない（※注29）。

同書は、一九一一年の段階で、それ以降の性表現規制をめぐって行われる議論をすべて先取りして、結論を示していた先駆的な研究であるとも言えるでしょう。しかし、こうした研究が力を持つには、第二次世界大戦後を待たねばなりませんでした。

第二次世界大戦後の一九四八年、性表現規制に強い影響を及ぼしたアルフレッド・キンゼイの『男性における性行動』が刊行されました。さらに一九五三年には『女性における性行動』が刊行され、それまで宗教的団体の主張する規範水準を信頼していた一般市民に、現実に行われている市民生活の平均的な規範水準を示すことになりました。その結果、アメリカ社会の性に対する一般の認識は大きく変更を迫られることになったのです。

キンゼイの書籍は、面接調査を通じて人々の性行動を分析した学術書であり、一般の読者を対象としたものではありませんでした。しかし、『男性における性行動』は、なんと二五万部も売れたのです。いかに当時のアメリカ人が、自らの秘めた性的規範について、他者の規範と比較したいと考えていたかが推測できます。「宗教団体の話を聞くと、みんなすごく性に対してストイックに見えるけど、えっちなのは自分だけなのかなぁ……」と不安に思っていたわけですね。

キンゼイ・レポートの内容は、実際のアメリカ社会では、広く婚前性交渉が行われ、不倫や同性愛といった「反社会的」と認識されていた性行為も少なからず行われている、といった内容で、社会に衝撃を与えました。それらの性行動に関する報告は、性道徳における保守的な立場の人々から激しい批判を浴びましたし、性表現規制派は、この報告をもとにさらに規制推進運動を強化しました。

現在では両書の学術的信憑性や、キンゼイの分析上の中立性については、多くの疑問があるともされているのですが、当時の一般読者の多くは、その調査結果を現実的なものとして受け容れたといいます。この頃のアメリカ社会にはすでに、その報告内容を捏

アルフレッド・キンゼイ（1894-1956年）

造であるとか、奇異であると思わない素地が存在していた、つまりキンゼイのレポートは一般読者にとってリアリティのある報告だったと言えるでしょう（※注30）。きっと、多くの人々は「えっちなのは自分だけじゃなかった！」とホッとしたのではないでしょうか。

政府委員会による性表現規制に関する報告　委員会の報告書は意外と冷静だった

さて、続いて、こうした社会状況の変化を受けた規制推進派の活動を見てみましょう。

一九六〇年代半ばは、レッドラップ事件判決やスタンリー事件判決により、性表現規制が緩和されたことを受けて、先にも言及した「良書を求める市民の会」が組織体制を強化し、また「メディアにおける道徳」という団体も全国組織に成長した時期に当たります。

これらの団体、宗教家、規制運動家、保守派の議員たちは、当時のジョンソン大統領に、性表現規制のための委員会を大統領の下に設置するように、一九六〇年代はじめ頃から働きかけていました。一方、「アメリカ自由人権協会」は、これらの規制強化へ向けた働きかけに対して抵抗を続けていました。

しかし、一九六八年には、放埓にも見えた当時の文化状況を受けて、なんらかの性表現規制をするべきという見解が、連邦議会の大勢を占めるようになりました。これらを受けて議会は、まずは規制を目的とするのではなく性表現が個人や社会に与える影響について検討する、より中立的かつ一般的な委員会を設置することになったのです。こうして設置された委員会は、性表現と反社会的行為との因果関係についての研究を含む徹底的な調査を行った上、性表現の流通に効果的に対処できる手段を勧告することを目的としていました。それゆえ、委員会の構成員も、規制に好意的な法執行者だけでなく、より広い分野の研究者を含むものとなりました（※注31）。

規制強化側の人々は、この委員会が当然、性表現の有害性についての科学的な証拠を発見・整理し、規制強化を推進する方向の報告書を提出するものと信じていました。この委員会は、二〇〇万ドルの予算を費やし、性表現の社会的影響について二年間の徹底的な調査研究を行いました。その研究結果は、一九七〇年にまとめられ、大統領と議会に『猥褻とポルノに関する大統領諮問委員会報告書』（※注32）として提出されました。ところが、この報告書は、委員会設置を求めてきた規制推進派の期待を完全に裏切るものだったのです。委員会が勧告したのは、規制を強化することではなく、逆に、同意している成人への性表現の販売等を非犯罪化し、処罰範囲を狭めることだったのですから（※注33）。

しかしながら、この報告書が別の側面で規制強化をもたらした事実もあります。というのは、この報告が「同意している成人」に対する性表現が無害であることを明確化したため、逆に、「同意していない成人」や「未成年」に対する性表現規制については強化する傾向をもたらしたのです。

その要点は以下のようなものでした。

(1)青年期にほとんどの者が性表現に触れているにもかかわらず（※注34）、性教育が十分に行われておらず、性に関する情報が不完全なかたちでしか未成年者に伝えられていない（※注35）。

(2)過半数の成人は、どのような内容であれ、性表現に接する権利が自分たちにはあるとしつつも、未成年者が一定の性表現に触れることを禁じることを望んでいる（※注36）。

(3)同意している成人への性表現の販売、展示、配布を禁止する法律を撤廃して、逆に未成年者や同意しない成人を保護する規制法を定めることが必要である。未成年者に対する規制としては、親その他の保護者の同意がない場合は、一定年齢未満の未成年者に営利目的での性表現の提供を行う者を処罰する法律を制定する（※注37）。

そして、(3)の規制を正当化する理由は、次のように説明されています。

性表現が未成年者にとって有害であることを示す実証的研究がない点では成人の

場合と同様だが、未成年者を被験者として利用することには倫理的な問題があり、成人への影響と同様の確実さを持って結論を出すに足る十分な証拠がない。しかし、大多数の国民が、未成年者は一定の性表現に触れるべきでないという意見を持っている。こうした事情を考慮して未成年者保護の法的規制を容認する。ただし、未成年者の保護については親の判断にゆだねるべきであり、未成年者の性表現への接触を親が制御できるよう援助する形態で立法化することが妥当である（※注38）。

とはいえ、報告書の基本的手法は、プライバシーを性表現規制の基礎に据えるレッドラップ事件判決、スタンリー事件判決の考え方に沿ったもので、全体としては性表現を無害として判断するものでした。この報告書は、保守化した議会から猛烈な非難を浴び、その内容が政策や法に反映されることはありませんでした（※注39）。しかし、これほど明確に性表現の無害性を証拠付けた報告書の存在のため、この後、成人に対する性表現規制を求める主張は、大幅に力を失うことになったのです。

最後に残ったのは　未成年、この守るべきもの

先にも述べたように、ミラー事件判決の後も、実際の運用において性表現規制が強化

されることはありませんでした。そして、最高裁が強い性表現規制を容認する判決をしても、事態が変わらなかったことに対し、保守化した一九八〇年代の政権や議会は不快感を持っていました。とはいえ、成人の性に関する自己決定権の考え方が広く社会に定着してしまった以上、成人についての性表現規制を強化することは困難です。

しかし、先の『猥褻とポルノに関する大統領諮問委員会報告書』でも見られるように、「青少年について」の性表現規制を社会は容認していました。それならば、青少年を「健全」に育成することができれば、いずれ社会の性規範は再び強化され、社会の一般認識を基礎とする法もまた変更される、と保守派は考えたと思われます。

従って、この後の性表現規制は、もっぱら「青少年の保護」を理由としたものばかりになりました。たとえば、同意していない成人と未成年者の視線から性表現を排除するためのゾーニングを容認した判決（※注40）や、放送番組において青少年を性的な表現から保護するため、一般的かつより強い内容規制を容認する判決（※注41）などです。

さらに言えば、実は「児童ポルノ」がことさら問題視されるようになったのは、この時期すなわち、一九七〇年代末のことなのです（※注42）。それ以前においては、たとえばフェミニズムの文脈から性表現によって侵害される女性一般の道徳的保護が主張されてきたわけですが、ポルノに登場している女性が「合意した成人」である以上、もはや彼女たちの保護を理由として性表現規制を推進する根拠が希薄になってしまいました。その代わりに、未成年を扱った性表現（当然、実在する人間の未成年者のポルノです）が集中的に批判される対象となったのです。

もちろん、「未成年が性的な表現に触れること」と「未成年を性的な表現の対象とすること」には重大な相違があります。しかし、まずここで問題にしたいのは、性表現規制の問題が集約する領域が女性から未成年に移行したことで、それまでそもそも性的な問題として扱われてこなかった事柄が、性規制や性表現規制のもっとも先鋭的な領域として立ち上がってきたという全体的状況なのです（たとえば、ヴィクトリア朝時代には、陰毛の有無でポルノか否かが判別されていたことを思い起こしてみましょう）。

こうして、一九八〇年代には、児童ポルノ規制法が各地で制定されるようになりました。それら児童ポルノ規制法の三分の一以上は、猥褻性判断基準の充足を要求せず、より広くその譲渡行為を処罰することになっていました。すると当然、それらの規制が合衆国憲法修正第一条に違反しないかが問題となりました（※注43）。

この児童ポルノ規制の合憲性の基準を設定したのが、一九八二年のファーバー事件（※注44）です。一六歳の少年が自慰をする映像を販売したポルノ書店経営のファーバーは、青少年の広い意味での性的行為を表現したものを頒布することを禁ずるニューヨーク州法違反で起訴されましたが、ニューヨーク州最高裁判所は、問題の映像がミラー基準で定義された「猥褻」に該当しないため、合衆国憲法修正第一条で保護されているとして、ファーバーを無罪にしてしまいます。そこで連邦最高裁は、この事件を取り上げ判断することにしました。そして、児童ポルノを猥褻表現と同様に、修正第一条の保護の及ばない類型とし、処罰の対象とすることを合憲としました。その理由として、次のような事項を挙げています。

(1)青少年が肉体的・精神的に健全に発育するという州の利益は、やむにやまれぬものである。
(2)青少年の性行為を描写した写真や映画の譲渡は、青少年に対する性的虐待と結び付いている。
(3)児童ポルノの広告・販売は、その制作に経済的な動機を提供するものである。
(4)児童ポルノを修正第一条の保障の外とすることは先例と矛盾しない。
(5)規制の要件として、「青少年の性的行為を視覚に訴える方法で描写したものであること」は必要だが、全体の主題が、好色的興味に訴えること、嫌悪感を抱かせるものであること、などの評価をすることは不要である。

ここで留意すべき点は、児童ポルノ規制においては、全体的な表現への評価を基準としないということです。それは、児童ポルノは性的であるから処罰されるのではなく、虐待の表現であるから処罰される、という規制の枠組みを明らかにしています。ただ、(3)に見られるような理由付け（経済的な動機）は、児童ポルノとされるものの表現内容ではなく、その表現を受容する市場の存在が、虐待を経済的に誘発するとしており、この観点からすれば、児童ポルノの市場を作り出し拡大するような表現類型は、それ自体が虐待表現に該当しなくても、規制対象とし得るという立場を正当化するものと考えられます。

また、ファーバー事件では、「青少年に害のある表現」についても定義され、成人よりも広い範囲で表現規制することが正当化されるとされました。その内容は次のとおりです。

青少年に害のある表現とは、猥褻表現および、

(1)全体として、青少年において裸体、性あるいは排泄行為に関する性的な好奇心を喚起するもの。

(2)何が青少年にとって適切であるかという観点から見て侵害的な方法で、それが通常であるか変態的なものであるか、実際のものであるか演技であるか、サド・マゾヒスティックなものか、その他の異常行為であるかを問わず、本質として性的な行為を描写、提示、あるいは記述すること、または生殖器、陰部、臀部、あるいは性的に成熟した女性の胸部を淫らにさらすこと。

(3)全体として、青少年にとって真面目な文学的、芸術的、政治的または学術的価値を

欠くもの。

「猥褻表現」を定義したミラー基準と比較しても、かなり広い範囲での規制を容認していることがわかるでしょう。

私は実在する青少年が被写体となっているような表現については、その表現物が作成された経緯によって虐待に該当することはあり得るとも考えますが、このファーバー事件判決で問題とされているのは、「（実在する）青少年を性的な対象とする」表現だけではなく、「青少年が性的な表現に触れること」にまで及ぶものでした。直感的に、青少年に対して性的に露骨な作品を与えることについて、我々大人の側に躊躇する感覚があることについては私も同意します。しかし、後者の規制の根拠になる「青少年が成熟した大人に比較して、性表現から害を受けやすい」とすることについての証拠は、どこにも提示されていません（※注45）。実際、先に紹介した政府委員会の報告書ですら「性表現が未成年者にとって有害であることを示す実証的研究がない」ことを認めています。私にはその根拠は、大人の側に「自分たちは性表現にさらされてもかまわないが、青少年について好ましくない」という印象論から来ているとしか言えないように思われます。

注意すべきは、それが、最初の猥褻基準を設定した一八六八年のヒックリン基準で示されていた、「反道徳的な影響を受けやすい人々を、堕落させ頽廃させるから猥褻表現を規制するのだ」という理由付けの繰り返しになっていることです。

ヒックリン基準では、おそらく労働者階級と女性とが「反道徳的な影響を受けやすい」人々として想定されていました。そのうち、労働者階級と女性は政治的な地位を上げていく中で、自分たちもまた、性表現に触れることで道徳的水準を低下させるような存在ではないことを主張し、納得させてきたのです。それは、彼（彼女）らの市民権が拡大していく過程と並行していました。

しかし、青少年は、現在もそしてこれからも、政治的な主体として声を上げることはないでしょう。そして、親（または保護者）の庇護のもとに置かれることを避けられないでしょう。それが、現在の性表現規制において、「未成年／青少年／児童」が常に論争の焦点となる真の理由だと私は考えるのです。青少年の保護は、表現規制の必要性の根拠として絶対不落の要塞なのです。

人々はいつも「自分は悪徳に触れても平気だが、他の人は自分より道徳的・規範的に劣っており、悪い影響を持つと懸念されるものを規制して、他の人々を悪徳から保護すべきだ」と考えがちなのでしょう。それはちょうどヴィクトリア朝時代の人々が、他者に高いモラルを求めながら、現実の生活では二重基準的に生きていたのと同じことです。そして彼らは、「他者も自分と同じ程度の道徳的・規範的水準にあるだろう。そして自分がこの程度の悪徳に触れたところで悪影響を受けないのと同じように、他者にもまた重大な害はないだろう」とは考えないのです。

③第五のまとめ

ここで再び議論の内容をまとめておきましょう。

前の章で取り上げたように、議会や宗教系民間団体や女性解放運動団体が性表現規制を推進していく中、表現の自由を守ったのは司法でした。世間の人々の見解の変化や、上品競争に見られるような道徳的優位を競う感情とは距離を置き――あくまでも憲法の文言に拘束された論理的かつ伝統的な見解に寄り添うことで、司法は常におそるおそる手さぐりで時代の変化を進んできたのでした。司法とは、本質的にそうした慎重な存在であるのです。

司法は一九六〇年代に至るまで、性表現は猥褻に該当するものであり、規制の対象であるという見解にあまり疑問を示してきませんでした。ところが、一九六〇年代頃から司法における性表現規制の根拠への問い直しがはじまりました。すなわち、具体的な害悪がなければ表現を抑制することはできない、とする言論表現の自由の原則に照らしたとき、性行為にも性表現にも害悪が見出せないという問題です。そうであるならば、司法は性表現規制を緩和していくことが適切であることになります。こうした性行為や性表現に害がないという見解は、戦後から次第に現れてきた学術的な研究によっても補強されました。その意味では、一九七〇年代はじめには答えは出ていたのです。

しかし、一九七〇年代を通じて世論は次第に保守化し、性表現規制は再び強化される傾向を見せました。それにもかかわらず、社会の現実が政府の力や司法の判断を追い越し、実態として規制強化は進みませんでした。成人に対して性表現が害とならないのであれば、それを規制することは論理的に困難だったからです。そこで残されたのが、自らは政治的主体として決して声を上げることのない「青少年／未成年／児童」という領域でした。こうして、性表現規制の最後の根拠としての「青少年の保護」に焦点が絞られていったのです。

第六章（日本編）

日本における性表現規制の歴史

①これまでのまとめ

「えっちなのはいけないと思います！」という主張にしっかりした根拠があるのかどうかを長く検討してきた本書もいよいよ終わりに至りました。本書につながる研究をはじめたとき、そう結論するつもりはなかったのですが、西洋法において「えっち」を犯罪にまで高めていったのが、キリスト教をとりまく人々であったことは否定できないことであるように思われます。その教義が社会的合意でもあった時代であれば、性についての規範もまた社会的合意であったと言えますから、それが単なる宗教的規範ではなく、社会制度として結晶化することは、それほど奇異なことではないと私も考えます。

また、「えっち」の禁圧が社会制度として構築されていくときに、キリスト教の教義は単なる足がかりであって、それが社会における階層を生み出し、それを固定するための道具としても用いられてきたことが明らかになったかと思います。性的自由はそれ自体が権力であり、またそれを獲得することが権力を持っていることの標章なのだということも、説明しました。すなわち、一部の特権的男性から一般の男性へ、そして女性へと政治参加能力が拡大していくにつれて、性的自由もまた拡大されていったのです。そして、人間集団の中で、これまでも、おそらくこれからも政治参加から排除されていて、それゆえ性的自由からも排除され続けるのが「青少年（未成年）」という範疇であり、それゆえに「青少年（未成年）」をとりまいて性表現規制が問題とされ論議されていることが指摘できます。

これを一般化して言えば、

「（私は理性的な判断能力を備えていて、少々えっちであっても問題ないけれども、そうでない他の人たちが）えっちなのは、（彼らが堕落頽廃してしまうことになるので）いけないと思います！」ということでしょう。そこで「そうでない他の人たち」とされた人たちから「私たちにだってちゃんとした理性的な判断能力があるんだ！」という反論がなされて、それが政治的過程を経て社会に受け容れられれば、規制は解除されていくわけです。

そうであるなら、性表現を社会道徳の頽廃の原因であるかのように恐れて規制をかけることは、存在するか否かが立証されていない「理性的な判断力を欠いた人々」が因果関係も不明なままに性表現によって反社会的行動に及ぶと想定して、言論表現の自由を制約していることになるのですから、過剰規制なのではないかと考えても奇妙ではないでしょう。私は性そのものに害悪が存在しないことから、性表現について規制をしなくても、反社会的行為の増大といった影響は生じないと考えます。性表現の規制への違反というかたちで「作り出された反社会的行為」というものが消滅する分、むしろ確実に反社会的行為は減少するものと思います。

②補論　日本における性表現規制の歴史

……と、ここでこの本は終わるはずだったのですが、最後に日本における性表現規制の歴史についても概観しておきましょう。とはいえ、このテーマを本格的に論じるとなると、これまた一冊の本を書かねばなりませんので、あくまで「補論」というかたちで、概略だけを述べておくことにします。また、この議論の前半は、市川茂孝『日本人は性をどう考えてきたか』（農山漁村文化協会、一九九七年）に多くを依っています。

生殖と男女の関係の基礎　女系社会と男系社会

今でこそ私たちは、男女が性交することで子をなすことを知っていますが、一九世紀の終わり頃まで、実はそれは科学的事実というよりも経験的なものでした。というのは、「発生学」の分野において、現在理解されているような生殖の仕組みが実証されたのは、顕微鏡の改良により受精と胚の発達の観察が可能になった後だからです。遺伝子に関しての知見は二〇世紀半ばの話です。

古代社会におけるもっとも一般的な見解は、「女性が一定の年齢となり身体が成熟すると子を産む」というものでした。その原因についてはさまざまな説明がされていました。たとえば、もっとも一般的な理由は「神霊が作用する」というものでした。従って、人類史におけるもっとも基礎的な狩猟採集社会においては、「親」とは「母親」のみを指していたのであり、仮に財産が存在する場合、その継承関係は母から子へという流れをとっていました。また狩猟採集社会では、人間の需要が自然の供給を上回ることは、集団の破滅と結び付くため、多産を恐れたといいます。しかし子は自然に生まれてくるため、「間引き」なども行われたようですし、呪い等によって子が増えすぎないように祈ったと考えられています。「間引き」とは、養育可能な人数以上に子供が産まれると、産まれた子を出産直後に「処分」してしまうということです。こうした人口調節法は、この時代の日本だけではなく世界各地で広く見られるものです。

続く農耕社会においては、子供の扱いが狩猟採集社会と逆転しました。農耕においては、多くの人々が協働することで生産力を上げることができるために、社会は多産を喜ぶようになります。すると女性の子をなす力がより重要視されるようになり、母から娘へと財産が継承されていく「母権制」が自然な継承の仕組みとなりました。しかし、これはあくまで、侵略されたり財産が強奪されたりしない安定的な社会においてのみ成立し得る仕組みということもできます。一方、勃起し射精する男根は、生命の力を感じさせるその様子から、幸運をもらたし除災護身の霊力が宿る存在として崇拝されていました。古代ローマもそうした社会の一つです。

さて、男系社会が台頭してきた背景はどのようなものでしょうか。それはまず遊牧社会において、そしてより一般的には戦争を常態とする社会において起こったことのようです。遊牧社会は、農耕社会とは異なり固定された財産を持ちません。そして強力な指導力によって部族をまとめあげていかねばなりません。特にその仕事は、馬を駆って広大な領域を移動することに依存していますから、自ずと男性がその指導的立場になることを避けられません。また、戦争が頻繁に起こり、財産が暴力により移転する社会において、男性が部族集団の中核となり、指導者の権力が強力になることは説明を要しない自明のことだと考えます。こうした遊牧や戦争が行われる社会においては、強力な男性の構成員が多数存在することが集団の力そのものであるわけですから、多産が喜ばれます。そして生まれてくる子として望まれるのは、明らかに女よりも男のほうになるでしょう。

社会において、女性が優位に立つか、あるいは男性が優位に立つかは、どうやらこのような背景に依存して成立するようです。こうした状況において、性や性行為に関する規範がどのように構成されるかは、それぞれの民族の宗教や政治・経済体制にもよるのでしょうが、男女の交わりが子をなすということが経験的にしか理解されなかった社会においては、性や性行為は、生殖とは必ずしも直結しない日常的な「娯楽」という側面も強く持ち、特にそれを罪悪視するような発想そのものが存在しませんでした。日本の古語でも、性交を指す言葉として「みる」「しる」「あそぶ」等がありますが、ここからも性交がそれほど日常的で一般的な行為であったことが推測できます。

古代の日本の性観念　純潔という発想がそもそもなかった

古代日本は、これといった争いの形跡のない縄文期が終わると、農業の導入によって生活様式の大きな変化と人口増加が生じ、かなり頻繁に戦争が行われるようになった弥生期に転換しました。戦乱期においては、男性が戦争で亡くなり多数の寡婦が生じてしまうことで、男性が少なく女性が多くなる状況をつくります。しかし、女性や子供の集団は自力では安全を維持できません。集団は強力な男性の庇護を受けなければならず、自ずと一夫多妻に近いような社会を形成することになります。ここでの一夫多妻は、「性的な乱脈」といった見方とは関係がなく、戦闘が常態である社会における一つの安全保障のための仕組みだったと見るべきでしょう。

日本ではこの時期、女性の祈祷師を宗教的首長とし、その血縁者であり、かつ実務的な首長である男性が補佐する「姫彦制《ひめひこ》」が一般的であったようです。これは、女性を尊重し神秘的なものとしてみていた古代の宗教と、戦闘が頻発する社会における軍事（政治）が結び付いた権力のあり方だと言えるでしょう。

その後、中央集権の仕組みが整い戦乱が収まると、再び母系を主とする社会の仕組みが台頭したようです。よく知られているように、平安時代の財産のある家の娘には、男が通ってきていたわけです。これを「妻問婚」「通い婚」などと呼びます。私はこれがもっとも合理的な結婚のあり方だと今でも思います。母親が産む子供が母親の子であることは自明であり、この仕組みには、なんらかの制度的な正当化を導入する必要がないからです。

この頃までの庶民の性生活の様子は、乱婚状態だったと推測されます。好きになれば同棲し性交し、嫌いになれば離れるという単純な仕組みです。仮に夫婦関係が成立していても、さまざまな宗教的儀礼に付随して他の異性と性行為を持つことは頻繁にあり、特に問題だと考えられていませんでした。もちろん、性的な純潔という発想などあろうはずがありません。

古代から生殖器官は、男女とも「と」と呼ばれていたようです（※注1）。古事記に伊弉《いざ》諾《なぎ》と伊弉冉《いざなみ》の二神が交わる場面で、「爲美斗能麻具波比（みとのまぐわいせむ）」と記されており、その他の箇所でも性器は「みと」「ほと」として表現されています。「み」や「ほ」は美しく優れたものにつける接頭語であり、「と」が性器の呼称ということになります。山の峰に挟まれた奥まった谷のことを「戸」と呼びますが、人体の足の間にある場所を「と」と呼ぶことには関連があるように思われます。さらに、日本においては女性器のほうが尊重されていました。女性器は「御秀処《みほと》」とも呼称されたのです。そしてそれは穢《けが》れや不快などとは無縁の神秘的な生産力の源泉とされました。今とは大違いですね。ちなみに江戸時代に至るまで、性器それ自体を穢れや不快さと結び付ける発想は存在しませんでした。江戸時代には男性器は「陽根」、女性器は「玉門」ととても美しい言葉で呼ばれていました。

外来文化の影響　仏教と儒教

さて、六世紀から日本には仏教が入ってきていたわけですが、その影響はどうだったのでしょうか。もとより仏教は人間の「発生」について、男女の両方が等価値にかかわるという思想に立っていました。釈迦は、男女が愛欲に溺れて男女関係が乱れることを諫めましたし、女性の魅力が男性の修行の妨げになることを恐れて、女性にはより厳しい戒律を要求しましたが、女性を不浄視したり罪悪視することはありませんでした。仏教経典に見られる女性差別は、その後の弟子たちが導入したヒンドゥー教の要素だとされています。ヒンドゥー教は、明確な男尊女卑の立場をとります（※注2）。

こうした仏教の影響でしょうか。日本の建国神話である『古事記』や『日本書紀』では、おおよそ男神女神が一組として現れてきて、次の神々を産むという仕組みで記述されています。一九世紀まで精子の中に人間の原型があり、それが女性の胎内で成長すると考える男性優位の生殖観が主流だった西洋諸国における創世神話では、ほとんど女性が現れないことと対照的です。

それゆえ神道においては、性を穢れであるとか忌むべきこととする発想がそもそも存在せず、むしろ、祭礼では性行為を模して、その生産の力にあやかろうとすることが通常でした。さらに、そうした儀式の後に参加者たちによる乱交が行われることもしばしばでした。しかし、これは制度化された乱婚ですので、当時の社会秩序から見て何の問題もなかったのです。この儀式の痕跡をもつ祭りは、日本の全国各地で現在でも広く見られます。西洋においてもキリスト教以前の宗教は、こうした性を取り入れた儀式や祭礼を行っていました。このような状況ですから、男性器や女性器を象った神像や祭器が広く普及していましたが、これを猥褻であるとか下品であるなどと考えるはずがなかったのです。

さて、日本に流入した仏教は、最初は渡来人系の豪族の私的な崇拝の対象でしたが、次第に盛んになり国家的宗教となりました。この頃には、性を不浄なものとしてみるどころか、むしろ性の力を悟りに応用すべしとする密教（タントリズム）が日本に入ってきている状況だったので、性について、むしろ神秘化し重視する態度が増していたと言えるでしょう。性に関する表現についても、歓喜仏という男女合一像を崇拝していたわけですから、これを罪悪視するような発想はなかったと考えるのが自然です。

わが国で女性の経血を不浄としてみる見解が現れたのは、九世紀頃と言われています。男女差別的な儒教の影響下にあった律令にそう定められたのです。嵯峨天皇が、弘仁格《こうにんきゃく》式《しき》の中に「死」を穢れとする「黒不浄」に並んで、「経血」を穢れとする「赤不浄」を記述し、忌むべきものと定めました。こうした女性差別的な発想や、性を穢れとするような、儒教的観念は、大化の改新によって日本の国制に導入されました。生まれた子が父親の血統に属すると定めたのもこのときに導入された律令制においてです。とはいえ、国の制度に定められたからといって、それがただちに一般的な認識に変わるはずもありませんでした。たとえば母権制が国制に残存したのが、藤原摂関政治です。摂関制度は、生まれた子が母方の父親の後見を受ける制度だからです。先ほど述べた「妻問婚」「通い婚」などもその一例でしょう。

律令制による男尊女卑の思想が国制に反映したと言えるのが、摂関政治を覆した院政です。院政は、父親から一子へと父系による官職（財産）の移転であり、天皇の父あるいは祖父が、天皇を後見する（と称して実権を握る）制度だからです。

平安末期に院政が開始される頃、武士団の成長もはじまり、その力を増していきます。武士団は、暴力に依存する集団ですから、当然に男尊女卑の考え方を採用することになります。構成員の人数が多いことは力ですから、構成員を確保する目的もあり、性を忌避して産児調整をするような理由はまったくありません。こうして、次第に封建制度が固まってきますと、父系相続権を確実にする必要から、身分の高い階層から次第に庶民層について、単婚制度が一般的となっていきます。日本において姦通を軽犯罪としてはじめて取り締まったのは、一二三二年の「関東御成敗式目」です。ただしこれはもちろん武家の法であり、庶民層においては、古代からの祭礼に結び付いた性の解放である乱交も慣習的に行われ続けていました。

近世の日本の性観念　儒教（朱子学）的秩序の導入と家父長制

人為的な大量死の時代であった戦国の世が終わり、徳川の統治がはじまります。江戸時代には鎖国も行われ、社会が定常状態に入りましたので、産児制限が必要になりました。広く「間引き」が行われたのがこの時代です。徳川時代の安定は、人口調整によってもたらされたとも言います（※注3）。こうした「間引き」を行わなければ、拡大した人口を養うために、周辺の他部族を駆逐したり滅ぼしたりして生産手段を奪う必要が出てきます。このような戦略をとるのであれば、戦闘に関与する人数が多いほうが望ましいわけで、産児制限は不要ということになります。

徳川幕府は、封建的身分制に基づく秩序を重視する朱子学を柱に幕藩体制を整備し、一七世紀前半には完全な家父長制を確立しました。そして、儒教（朱子学）の影響のため著しい男尊女卑の思想が定着しました。男系に相続されていく「家」を一つの単位として社会の中核が構成されていたため、上層階級では、男系血統を明らかにする必要に迫られます。このため、長男を産むまでの女性の管理が厳しく行われることになります。

こうして幕府は、「家」を形成できる程度の有力な一族については、厳格な結婚の規則を導入し管理を行いましたが、性そのものが問題視されたり禁じられたりすることはありませんでした。性が娯楽や奢侈と結び付いていると見られたため、質素倹約を勧める朱子学的な文脈の中で、時折「遊び」としての性やそれを煽ると見られた性表現が禁圧されたにす

葛飾北斎〈艶本多満佳津良（夜這い）〉

ぎません。すなわち、春画や黄表紙のような性表現がダメなのではなく、性表現によってさまざまな遊びへの誘惑が増え、奢侈や蕩尽に至るという懸念が禁圧の理由だったのです。ですから、庶民層においては、とくに性に対する忌避の感覚はなく、おおらかに楽しみとして受容されていました。

庶民における男尊女卑の根源としては、一四世紀以降に伝来した仏教の偽典である「血盆教」の影響が指摘されています（※注4）。「血盆教」においては、血を流す出産と経血が穢れとされ、女性の悟りが男性に比べてはるかに困難であるとされたため、ますます女性の地位を低いものとしてみる観念に貢献しました。こうして江戸時代に至り、儒教道徳の影響で、男尊女卑の観念が一般化し固定化していったのですが、男性器や女性器について特にそれが穢れであるとか忌むべきものだという発想はありませんでした。先にも述べたように、性器は「陽根」「玉門」と呼ばれ、男女のまぐわいや男性器・女性器を祭る一般の信仰に対して特に何の疑問も道徳的な非難もありませんでした。

女性器を示す「ほと」「ふと」について「陰」の字を当てることは、古い文献にも見られます。根拠はありませんが、儒教的価値観や「と」の古い意味である「谷間の奥まった場所」という語義が影響したものなのかもしれません。さて、幕末の頃、西洋医学を学ぶ蘭学者たちが、西洋の医学書を研究したり翻訳するにあたり、儒教的な教養が影響したのでしょうか、性器に対して「陰部」「陰茎」「会陰」といったように「陰」の語を用いるようになりました。これが医学用語として定着し、さらに次の項で説明するように西洋の価値観が社会に普及していく中で、これ以降、性器が「陰」の存在として固定化されることになりました。

明治以降の性観念　外国の視線からの日本の伝統文化の隠蔽

一八六八年、徳川の世が終わり明治維新となりました。そのときに長く禁圧されてきたキリスト教が容認されて、日本には知られていなかった「純潔」や「愛」という概念が紹介されましたが、当然、当時の日本人には理解不可能な概念でした。極めて少数のキリスト教系文化人たちによって、また国外から布教にきたキリスト教団の伝道の一環として、さらにまた文学として、純潔や愛が「新しい男女関係の理想」としてうたわれたにすぎません。こうした新しい性愛の観念を受け入れたのは、ごく一部の若い世代だけだったと考えてよいでしょう。

さて、明治新政府は、幕末に締結してしまった治外法権の容認と関税自主権の喪失という不平等条約の撤回のため、近代国家として欧米諸国に認めてもらおうと、西洋法・西洋制度をとにかく受け入れることになりました。それら西洋法・西洋制度は、避けようがなくキリスト教道徳を下敷きにしていましたが、重要なのは、この時期すなわち一八七〇年代は、欧州における性道徳がもっとも厳しくなっていた時期だったということです。

こうした状況を背景として、明治新政府は、輸出品の包み紙として用いられたり、日本の土産品として欧州に出回っていた性的な浮世絵版画を国辱と認識し、国内において厳しく禁圧しました。また、国内に広く存在した性器を象った信仰対象物を破壊没収し、性を内容として取り込んでいたさまざまな儀式や祭礼を禁止しました。このときに用いられたのが、日本最初の軽犯罪取り締まり規定である「違式詿違《いしきかいい》」です。この規定は、まず外国人居留地の周辺から適用が開始され、外国人がより広く国内を移動できるように法律が緩和されると、そのたびに適用範囲が拡大されるという性質のものでした。ですから、現在まで続く猥褻物を取り締まる規定の本来の目的は、外国人たちの視線から、伝統的な日本の性文化を隠蔽することにあったのです。当時の日本人たちには、性が害悪だなんて発想はまったく一般化していなかったのですから、これは当然のことです。

一方、日本の近代化・西洋化を推進するために、欧米に派遣され、事情を見聞してきた明治政府の高官たちは、西洋社会の「上品」な上層階級と交際をしてきたはずで、現実の西洋には存在してたはずの性道徳に関する二重基準、すなわち表の上品さと実際の頽廃、上層階級の建前と下層階級の本音の存在などを知らなかったものと推測してよいでしょう。彼らが、街で庶民とのふれあいの機会を持ち、そうした庶民の性文化について知ることができたとしても、彼らを指導する立場にあった権威ある地位の西洋人たちが、それら庶民の性文化を「下品である」「猥褻である」と口を極めて非難したことは想像に難くありません。

国内における性の道徳化　内面化された外国人の視線

明治新政府は、それまでの身分制度を改め、西洋列強の国民軍と戦うために国民皆兵を導入しました。そのため、それまでは行為規範について特に何も要求されなかった庶民層にまで、武士階級の道徳を浸透させることを狙うようになります。また、同時に文化や行為規範の西洋化も推進したわけですから、これは全国民をいわば「西洋化した武士」に仕立て上げようとする社会道徳政策だったと言うことができるでしょう。現在の法律で言われる「公序良俗」というものがもともと想定していたのは、こうしたものだったのです。国外からの視線に対しては、外国人に「日本人は、キリスト教徒ではないけれども高い道徳を備えている」ことを説明し宣伝するため、国内においては近代国家と国民皆兵のもとで、いっぱしの国民を育てあげるため、というわけです。たとえば、キリスト教徒だった新渡戸稲造に代表されるような人物たちは、「武士道」や「日本的道徳」として整理した日本の公式な（望ましい）倫理道徳・行為規範を外国語に翻訳して刊行しました。「武士道」や「日本的道徳」はこのときに外国へのプレゼンテーションとしてつくり上げられたものだったと言っていいでしょう。

こうして明治時代ににわかに作り出された、日本人の倫理道徳や公序良俗は、普通教育を用いて若い世代の国民全員に導入されました。そして男子については、特に中学校、高等学校、大学校へ進学するような社会の指導層には、さらに徹底した規範の導入が行われたのです。ですから、そうした高等教育を受けた指導層には、たしかに「江戸までの庶民的な文化」が「猥褻」だととらえられたでしょう。

一方、明治政府は、女子教育については等閑視していました。そこで、女子教育の多くは、キリスト教系の私立学校によって担われることになりました。それはこの時期のアメリカのキリスト教団体が、女性解放を目的に活動していたことも強く影響していま す。キリスト教系の学校では当然、聖書に基づく当時の欧米の道徳規範に沿った「純潔」「愛」の教育を行ったわけで、日本における性的純潔の意識、また性を穢れと見るような見方は、明治期末から昭和初期の女子高等教育によって普及定着されたと見て間違いありません。

こうして、社会の指導層の上品な奥様たちからはじまり、次第に庶民層の主婦にも、女学生的な性についての観念が拡大していくことになります。現在の私たちの社会につながる、性愛や性表現を問題視する視線は、中核都市部や学校教育（国家制度の内側）の現場において大正期あたりにおおよそ一般化し、農山漁村においては戦後の高度成長期あたりにようやく一般化したものであるにすぎないのです。

明治から戦後に至る猥褻表現規制　なぜ禁止が継続されるのか

さて、ここで明治以降、猥褻表現取り締まりの対象となったものを概観してみましょう。明治維新から明治中期くらいまでの間は、取り締まりの対象となったのは「男性器・女性器の模造物」「春画・黄表紙」などの江戸時代の恥ずべき文物でした。また江戸時代までの成人儀式や盆踊りの夜などの制度化された自由性交の儀式も恥ずべき野蛮な風習として取り締まられました。要するに、西洋型の近代国家となった日本には「存在してはならない」とされた前時代の遺風が取り締まりの対象だったのです。

明治末から昭和前期くらいまでの間は、農山漁村から大量の若年労働者が都市部に移動しました。また、一般教育の普及によって識字率が上がったことから、一九世紀の欧米において都市化に伴って問題化した風俗秩序の紊乱《びんらん》という問題が、この時期の日本でも同様に発生しました。そしてこの問題への対処もまた、そのまま欧米の対策のとおりに、性表現に関連した文物を、風俗秩序の紊乱を理由として取り締まる、という方法で行われました。海外の事情に詳しい学者や官僚が政策立案しているのですから、当然そのようになるはずです。

そして、昭和後期（戦後）から現在にまで至ります。敗戦後には国家の言論統制が緩み、堰《せき》を切ったようにさまざまな性関連の文物が現れましたが、連合国軍（実質的にアメリカ）が指揮して、アメリカの猥褻基準が適用されて抑制されました。私は、性表現規制は占領統治において特に必要なかったはずだと考えますが、おそらくは、より重要な政治的検閲と一体のものとして運用されたのでしょう。

こうして戦後には、文章としては「性器を直接指す言葉が用いられたらダメ」、映像としては「陰毛が映っていたらダメ」という明確な基準が存在していました。ところが一九八〇年代後半に、その基準が緩和・撤廃され、そもそも何が刑法の想定する「猥褻」なのかが、ようやく本格的な検討の対象となってきました。一九九〇年代後半には、日本の社会にもインターネットが導入され、政府にも制御のできない電子的な情報流通経路を経由して、ありとあらゆる性表現が、インターネットの拡大とともに一般社会にも解放されていきました。こうして、それまでの性表現規制手法がほぼ意味をなさなくなり、現在では実質的に性表現規制は無意味になっていると私は考えています。

ここで最後の問いが残ります。実質的に無意味になっても、禁止を継続している理由はなぜでしょう？　現在、たくさんの男女や青少年たちが、おそらく二〇年前には見ることもできなかったような赤裸々なポルノグラフィに触れているはずなのです。しかし、こうした統制のできない性表現の拡大に伴って、性犯罪の増加や若者の道徳的頽廃は進行したのでしょうか？　さまざまな報告や統計からは、むしろ性犯罪は減少傾向にあり、若者たちは実際の性行為から離れている傾向が強まっています。

それならば、どうして性表現規制は推進されなければならないのでしょうか。私の考えでは、それは実質的な犯罪率の上昇や反社会的行為の増大といった害悪とはほとんど因果関係が見られません。「性」というもの、あるいは「性表現」というものをめぐる言葉の数々は、これまで政治・経済上の主導権争いの中で行われてきた規制を、「道徳」や「品位」の言葉で語るという「すり替え」のように思われます。私がここまで行ってきた性表現規制への長い歴史の話、この小論は、そのことを示すためのものです。

おわりに

「えっちなのはいけないと思います！」を私たちが素直に受け入れてしまう理由を探ってきた本書は、いかがだったでしょうか。とくに前半で「論証が足りない」「資料的裏付けが不足している」という声が聞こえてきそうです。とはいえ、性行動や性表現活動というものは、誰にでも関与することができて、しかもきわめて私的なものであり、一般化が困難で、かつ多くの人はその行動を公表しないどころか、記録すらしないのが通常であるわけです。こうした問題について十分な水準まで資料を探求しますと、一生の仕事を超えてしまうことは明らかです。どこかで区切りをつけなければなりません。

本書には何度も区切りがありました。

本書のもととなった最初の原稿は、表現規制問題が活発になった二〇一〇年頃から書きはじめられ、二〇一一年冬から二〇一三年夏のコミックマーケットで頒布された、『ロージナ茶会誌』という私が主催しているサークルの同人誌に掲載された一連の小論文でした。

私の専門は、かなり広い領域である「情報法」なので、表現規制問題についても対応しなければなりません。とはいえ、研究の主軸が「著作権」にある私には、性表現規制の問題は「戦場が違う」という印象でした。しかしながら、ぬぐえない疑問があったのです。それは、性表現規制問題がメディアやネットで語られるとき、規制賛成派は当然として規制反対派までもが「えっちなのはいけない」を前提として論を展開していたことでした。私は、最初の仕事である『コピーライトの史的展開』(信山社出版、一九九八年)の頃からの傾向として「そもそも論」が好きでした。「なんでえっちはいけないのだろう？　生き物ならみんなやってるのに」という疑問を根本的なところから解決したいと私は思ったのです。

「なんでえっちはいけないのか」というテーマが広大な幅と奥深さを持つことは最初からわかっていたので、私は本格的な学術論文として執筆することをすぐに諦めました。そして、私の割ける労力の範囲でとりあえずの答えを探ろうとして書かれたのが、『ロージナ茶会誌』に連載された「性表現規制の文化史(1)〜(3)＋資料編」というわけです。この時点で、すでに本書の基本的な構造はできていました。本書でも補論となっている「日本編」が、単なる「資料集」で終わってしまっているところまで同じです。これが最初の区切りでした。

この「性表現規制の文化史」は、表現規制問題に取り組んでいるNPOである「うぐいすリボン」の目に留まったようです。主催者の荻野さんに依頼されて、二〇一一年に京都と東京の二か所で講演として語りました。講演会はたいへんな長時間になってしまい、講演に参加してくださった皆さんを疲れさせてしまったのではないかと、今でも気になります。また、京都大学の文化祭企画の一つだった性表現規制関連の座談会にも出演したと記憶しています。そして、それらの講演会や座談会では、コミケ版の「性表現規制の文化史」が簡易製本されて、資料として配布されました。うぐいす色の表紙の小冊子でした。このように何度も同じ内容で長い講演をしますと、さすがの私も精神的に「おなかいっぱい」な気分になってきました。そこで、それらの講演をもって、私は性表現規制問題から距離を置くようになりました。私自身としては納得のいく答えを得られたのですから、もう満足だったのです。

こうして「性表現規制の文化史」は、比較的少数の人たちの手元に届けられたことで終わるはずだったのです。これが二つ目の区切りです。

ところが、二〇一五年末くらいだと思うのですが、亜紀書房の編集者である小原さんから「性表現規制の文化史」をちゃんとした書籍として出版しませんか、と提案をいただきました。この「おわりに」を書いている時点でも、彼がどういう経路で「性表現規制の文化史」に行き当たったのか私は知りません。世の中の縁は不思議なものです。

ともかく「性表現規制の文化史」を書籍版とするべく手を入れ直しはじめたのですが、二回も「終わった」と思っていた内容を推敲していくのはかなり苦痛でした。また、資料的に弱かったところを補わなければなりません。さらに、学術書ではなく一般書として刊行する企画となったため、読みやすさを重視した構成に変え、文体も変えなければなりません。加えて、一般読者向けに用語解説等いろいろと内容も補わなければなりません。すなわち、実質的には「もう一度書き直し」ということになったのです。この「もう一度書き直し」に小原さんは、まるで指導教員のように鋭いツッコミを入れてくださいました。特に一般読者にわかりやすく書くためのコツを具体的に示してくださり、商業出版として成立するための文書とはどのようなものかを私が学ぶ良い機会になりました。

こうして本論を書き終えて「ようやく片付いた」と思ってホッとしていたら、小原さんに「日本編も補論として書いてください」とにこやかに依頼されて、日本編を新たに書き下ろすことになりました……。

そして「おわりに」を書いている今は二〇一七年の六月です。もとより完全な内容を諦めて書きはじめられた本書ですので、いろいろと内容にご批判はあるかと思いますが、ここで最後の区切りとさせていただきたいと思うのです。今、原稿を眺めてみて「本文そのものはずいぶん変わったなあ」と思います。しかし、うったえたい趣旨は七年を経ても変わりませんでした。すなわち——

「えっちなのはいけないと思います！」というのはいけないと思うのです。

注釈

第一章

注1　「プロテスタンティズム、なかでもそのピューリタン諸派が、キリスト教的道徳を大多数の家庭、とりわけジェントリー層と都市の市民層の家庭に持ち込む際、結婚生活を聖化させることと家庭礼拝を部分的に教会礼拝に代わるものとすることの双方の面で、布教活動に成功をおさめた」（ローレンス・ストーン『家族・性・結婚の社会史』北本正章訳〔勁草書房、一九九一年〕九九頁）

注2　「カトリック教会が非常に重視していた純潔の理想は、娘たちを追い出すために父親たちが設立し、かなりの人数の上流階級の少女たちを収容していた修道院の存在を、神学的にも道徳的にも正当化するのに役立った。必ずしも全員というわけではなかったが、こうした少女たちの多くは、宗教的な生活の中に、あらかじめ取り決められた結婚生活とは別の、満足できる人生を見出していたようである」（同前、二一七頁）

注3　アルベルト・アンジェラ『古代ローマ人の愛と性』関口秀子・佐瀬奈緒美訳（河出書房新社、二〇一四年）八一頁以下を参照のこと。古代ローマでも名門家庭においては、結婚前の娘の純潔は非常に重視された。相続を確実にするため、産まれてくる子供の父親を明確にする必要があったからだ。

注4 「一六世紀、一七世紀および一八世紀においては、名誉という概念は、非常に明確に定義づけされた意味を持っており、今日のそれとは著しく違っている。男性が相手の男性について言うことができる最悪のことは、彼が嘘つきであると言うことであった。『お前は嘘つきだ』と言うことは、必然的に、上流社会では決闘を申し込むことになったり、農民や職人の世界では喧嘩騒ぎになった。女性が相手の女性に投げつけることができる最悪の言辞は、身持の悪い女だと言うことであった。この場合には、中傷されたことをめぐって宗教裁判所で訴訟にすることが多かったかも知れない。このように、男の名誉は、彼が話す言葉の信頼性にかかっており、女性の名誉はその貞節さについての評判にかかっていたのである」（ローレンス・ストーン『家族・性・結婚の社会史』北本正章訳〔勁草書房、一九九一年〕四二二頁）

注5 「売春婦階級は、貧困によってばかりでなく、貧困に陥っている広大な極貧階級に見られる性的乱交文化の成長によっても供給されていた。ある種の少女たちにとって、自分の肉体を売ることは、お針子や婦人用上着の縫製工として一日に一四時間ないし一六時間働くよりは、むしろ好ましい生計をたててゆく道であった」（同前、五三六頁）

注6 「性的欲望の歴史を抑圧という言葉で書くなら、そしてこの抑圧の原因を労働力の活用に帰せしめるならば、性についての管理・統制は、それが貧乏人階級に向けられた時に一層烈しくかつ綿密なものであったと想定しなければならない。最も大規模な支配と最も体系的な搾取という路線に従ったと想像してみなければならないのだ。（中略）ところが事態がこのように推移したとは思えないのである。反対に最も厳密な技術が形成され、特にまず、極めて集中的に適用されたのは、経済的に恵まれ、政治的に指導的な位置にいた階層においてであった。良心の指導、自己の検証、肉体＝肉欲にまつわる様々な罪の長期にわたる形成、細心な努力を払ってなされる情欲

の探索——これらすべての詳細な手続きは、限定された集団にしか手の届くものでなかったことはほぼ確実だろう」（ミシェル・フーコー『性の歴史Ⅰ 知への意志』渡辺守章訳〔新潮社、一九八六年〕一五二〜一五三頁）

注7 「一八世紀後半のロンドンのお上品ぶった小資産家、商人、それに親方職人などに至るまでの社会階層のあいだでは、「娘たちに純潔が欠如していることは周知の事実」であり、当時はそのことが結婚の障害になるとは考えられていなかった。しかしながら、彼（フランシス・プレイス）がその自叙伝を書いていた一八二〇年代になると、もはやこうした慣行は経済的および社会的に最底辺に属する賃金労働者、渡り職人、それに肉体労働者たちの娘に限定されるようになっていた」（ローレンス・ストーン『家族・性・結婚の社会史』北本正章訳〔勁草書房、一九九一年〕五三〇頁）「さらに後の一八世紀の最末期と一九世紀になると、新しい性的上品さの波が下層中産階級からお上品ぶった貧民階級へと広まっていた。だがこれは、ルンペン・プロレタリアートと呼ばれる社会の最下層にだけは何らの影響を及ぼさないままであった」（同前、五四一頁）

注8 文学や文学的史料における恋愛様式の変遷を検討すると、一二世紀ヨーロッパで宮廷愛として生まれた性愛様式は、一七世紀のフランスでの「アモール・パッション（amour passion）」へと変化し、一九世紀の英国で「ロマン主義的愛（romantic love）」として展開したと整理できます。

注9 「一八世紀末の敬虔で貞淑な上層階級の女性たちでさえ、それが単に性的な情熱であり、深い情緒的な愛着を伴ったものでない限り、夫たちの不貞を見て見ぬふりをしていた。スラール夫人は、一方では、彼女の夫が彼女の友人の一人と性的な交渉を伴わない恋に落ちたときは苦しんでいたが、夫が下層階級の主婦たちとの間で何度も密通を重ねていたことに対しては、まったく

注意を払っていなかった」（ローレンス・ストーン『家族・性・結婚の社会史』北本正章訳（勁草書房、一九九一年）四二二頁）

注10　『古代ローマ人の愛と性』関口秀子・佐瀬奈緒美訳（河出書房新社、二〇一四年）七一～七二頁、八一頁を参照のこと。

注11　ハインリッヒ・ミッタイス『ドイツ私法概説』世良晃志郎・広中俊雄訳（創文社、一九六一年）一二〇頁

第二章

注1　ここで「聖なるもの」という言葉を避けたのは、後述のキリスト教によって定義されたholyの概念と混同することを避けるためです。

注2　ただし、性行動への倫理的配慮は、常に禁止事項の体系と直接関係しているわけではないという指摘があります。強制も禁止もない場合でさえ、道徳上の関心を引く事項として性規制が存在しているのです。

注3　ギリシャやローマにおける性規範については、ミシェル・フーコー『性の歴史Ⅱ　快楽の活用』田村俶訳（新潮社、一九八六年）を参照。特に、キリスト教の性道徳に見られる主要な要素は、その理由付けが異なっていたものの、ギリシャやローマにおいても発見することができることを

強調しています。そのギリシャやローマにおける性規範の核となる価値は、成人男性については、女性や青年への理性的な支配力の行使であり、また、「節制」すなわち、自分自身の理性的な支配であると整理できるでしょう。ただし、その男性の性規範は、キリスト教の体制におけるように、教条化され法律化され外部から作用する規範として設定されるのではなく、あくまでも自主的に主体的に維持されるべき道徳的な価値として把握されていました。

注4　アルベルト・アンジェラ『古代ローマ人の愛と性』関口秀子訳（河出書房新社、二〇一四年）一一〇頁以降を参照のこと。

注5　同前、一八四頁。

注6　ミシェル・フーコー『性の歴史Ⅱ　快楽の活用』田村俶訳（新潮社、一九八六年）第三章を参照のこと。

注7　同前、第四章を参照のこと。

注8　アルベルト・アンジェラ『古代ローマ人の愛と性』関口秀子・佐瀬奈緒美訳（河出書房新社、二〇一四年）七〇頁以下、第一二章を参照のこと。

注9　http://wired.jp/2001/11/16/（「現代の魔女狩り？ - 米国で『問題本リスト』に載る」）

注10　日本語の「上品」は、仏教用語としての「上品／下品」という言葉からきています。こ

の言葉は、江戸時代まで単に等級の上下を意味するに留まっていました。もちろんここでは、英語におけるdecentの訳語として用いています。

注11　「ローマ人にとっての離婚は、彼らの結婚観が直接反映されたものにすぎない。結婚が、互いに夫と妻でありたいという男女の継続的かつ実質的な意思にもとづくものであった以上、配偶者のどちらか、あるいは双方にそうした意思がなくなった段階で、婚姻関係は解消されたのだ」アルベルト・アンジェラ『古代ローマ人の愛と性』関口秀子・佐瀬奈緒美訳（河出書房新社、二〇一四年）一四〇頁以下を参照のこと。

注12　「そこでわたしはあなたがたに言う。不品行のゆえでなくて、自分の妻を出して他の女をめとる者は、姦淫を行うのである」（「マタイによる福音書」19:9）夫婦のどちらかが淫行を犯した場合のみ、結婚関係を解消できる唯一の理由となる。

注13　「夫たる者よ。あなたがたも同じように、女は自分よりも弱い器であることを認めて、知識に従って妻と共に住み、いのちの恵みを共どもに受け継ぐ者として、尊びなさい。それは、あなたがたの祈が妨げられないためである」（「ペテロの第一の手紙」3:7）「妻たる者よ、夫に仕えなさい。それが、主にある者にふさわしいことである。夫たる者よ、妻を愛しなさい。つらくあたってはいけない」（「コロサイ人への手紙」3:18, 3:19）

注14　「さて、あなたがたが書いてよこした事について答えると、男子は婦人にふれないがよい。次に、未婚者たちとやもめたちとに言うが、わたしのように、ひとりでおれば、それがいちばんよい」「わたしはあなたがたが、思い煩わないようにしていてほしい。未婚の男子は主のこと

に心をくばって、どうかして主を喜ばせようとするが、結婚している男子はこの世のことに心をくばって、どうかして妻を喜ばせようとして、その心が分れるのである。未婚の婦人とおとめとは、主のことに心をくばって、身も魂もきよくなろうとするが、結婚した婦人はこの世のことに心をくばって、どうかして夫を喜ばせようとする。わたしがこう言うのは、あなたがたの利益になると思うからであって、あなたがたを束縛するためではない。そうではなく、正しい生活を送って、余念なく主に奉仕させたいからである」「もしある人が、相手のおとめに対して、情熱をいだくようになった場合、それは適当でないと思いつつも、やむを得なければ、望みどおりにしてもよい。それは罪を犯すことではない。ふたりは結婚するがよい。しかし、彼が心の内で堅く決心していて、無理をしないで自分の思いを制することができ、その上で、相手のおとめをそのままにしておこうと、心の中で決めたなら、そうしてもよい。だから、相手のおとめと結婚することはさしつかえないが、結婚しない方がもっとよい。妻は夫が生きている間は、その夫につながれている。夫が死ねば、望む人と結婚してもさしつかえないが、それは主にある者とに限る。しかし、わたしの意見では、そのままでいたなら、もっと幸福である。わたしも神の霊を受けていると思う」（「コリント人への第一の手紙」7:1, 7:8, 7:32-40）

注15　カノン法とは広義には、国家がキリスト教会に関して定めた法と、キリスト教会が定めた法の両方を含みますが、狭義にはキリスト教会が定めた教会と信徒の統治のための法を指します。その中心となるのがカトリック教会が定めたカノン法であり、国家の法と並ぶ法体系を備えています。ホセ・ヨンパルト『教会法とは何だろうか』（成文堂、一九九七年）を参照のこと。

カノン法を体系化した法典『カノン法大全』は、キリスト教会運営のための法源として、カトリック以外の諸教会においても参照されるほどの権威を持ち、一部の地域では、二〇世紀初頭まで法としての強制力と効力を持っていました。ミシェル・フーコー『性の歴史Ⅰ　知への意志』渡辺守章訳（新潮社、一九八六年）四八頁以降も参照のこと。

注16　公会議の議決の内容には数多くの聖職者たちへの禁止と刑罰の規定が含まれています。強欲、高利貸、過度の飲酒による酩酊、女性を囲うこと、同性愛などなど。それらの禁止規定が必要だったことは、当然にそうした事実が広く見られたことの裏返しです。

注17　ミシェル・フーコー『性の歴史Ⅰ　知への意志』渡辺守章訳（新潮社、一九八六年）第二章、第三章

注18　一九世紀にしばしば芸術のモチーフとされた「運命の女（femme fatale）」が典型的にそうした価値観を表明しています。

第三章

注1　ローレンス・ストーン『家族・性・結婚の社会史』北本正章訳（勁草書房、一九九一年）四五二頁

注2　この時代の一般的状況については度会好一『ヴィクトリア朝の性と結婚』（中公新書、一九九七年）を参照のこと。しかし、それこそが性的嗜好の多様性を生んだという逆説については、ミシェル・フーコー『性の歴史Ⅰ　知への意志』渡辺守章訳（新潮社、一九八六年）第一章、第二章を参照。また、女性の身体が社会制度に組み入れられていく中でヒステリー症が産みだされ

る状況については同書の第四章を参照。

注3　小林章夫『エロティックな大英帝国』（平凡社新書、二〇一〇年）は、取り澄ましたヴィクトリア朝英国紳士の淫蕩な裏側を紹介しています。悲惨なロンドンの下層階級・売春婦たちの状況の報告があります。また、階級によっても、性生活にかなりの違いがあることを指摘しています。性を売る他ない下層階層の人々は、その風体及び生活習慣において猥褻と言いうるものでした。すなわちこの時代の猥褻概念においては、性が問題なのではなく、下層階層の風俗が問題とされていたのではないでしょうか。

注4　Acts and Laws, Passed by the Great and General Court or Assembly of the Province of the Massachusetts-Bay in New-England, from 1692 to 1719. London: John Baskett, 1724. Stephen M. Krason, *The Public Order and the Sacred Order: Contemporary Issues, Catholic Social Thought, and the Western and American Traditions*, Scarecrow Press, 2009, p. 362.

注5　Jon Lewis, *Hollywood v. Hard Core: How the Struggle Over Censorship Created the Modern Film Industry*, New York University Press, 2002, p. 230.

注6　Michael James Pfeifer, *Rough Justice: Lynching and American Society, 1874-1947*, University of Illinois Press, 2006.

注7　「アメリカでは性的純潔は一八三〇年代頃から若い男性を対象とする改革運動としてはじ

まったのである。『純潔』を唱える（男性によって書かれた）数多くの本の主だった内容は、第一に、結婚するまでは青年は童貞でなければならない、第二に、自慰という行為は絶対にしてはいけない、ということであった。特に後者に関しては、執筆者は一様に烈しい恐怖心を示していた、という」（デビッド・ノッター『純潔の近代』〔慶應義塾大学出版会、二〇〇七年〕三四頁）

注8　ローレンス・ストーン『家族・性・結婚の社会史』北本正章訳（勁草書房、一九九一年）五二六頁

注9　デビッド・ノッター『純潔の近代』（慶應義塾大学出版会、二〇〇七年）四七頁

注10　同前、四八頁

注11　ローレンス・ストーン『家族・性・結婚の社会史』北本正章訳（勁草書房、一九九一年）五二七～五二九頁

注12　デビッド・ノッター『純潔の近代』（慶應義塾大学出版会、二〇〇七年）五〇～五一頁

注13　「修道」という信仰のあり方それ自体がプロテスタントの考え方に反します。それゆえ、プロテスタント世界ではそれは不合理で滑稽なものとして揶揄の対象となりえました。また修道は、カトリックよりもプロテスタントの教えから遠い東方教会と、イングランドと敵対していたアイルランドで盛んであったことも理由かもしれません。

注14　アメリカやイギリスで周期的に見られる、宗教的な盛り上がりを指します。第一次（一七三〇～一七五〇）、第二次（一八〇〇～一八三〇）、第三次（一八八〇～一九〇〇）、第四次（一九六〇～一九七〇）が指摘されています。この期間、聖書に基づいた倫理的な生き方が称揚され、多くの人々が宗教的共同体に統合されました。

注15　世界の運行は、神によってすでに定められており、神の救済に与る者と滅びに至る者はあらかじめ決められているという教義。この教義では、この世でいかに善行を積んでも信仰に帰依しても救済には無関係なことになります。しかしながら、「あるとき回心した」という事実が救済の証だと信じれば、予定説はかえって信仰を強化する教義となると言えます。

第四章

注1　三島聡『性表現の刑事規制』（有斐閣、二〇〇八年）二八～二九頁

注2　Commonwealth v. Holmes, 17 Mass. 336 (1821).

注3　Act of Nov. 15, 1821, ch. 1 § 23, 1821 Vt. Acts 19. 三島聡『性表現の刑事規制』（有斐閣、二〇〇八年）三一頁

注4　三島聡『性表現の刑事規制』（有斐閣、二〇〇八年）三二頁

注5　同前、三二頁

注6　同前、三四頁

注7　Act of August 30, 1842, ch. 270 § 28, 5 Stat. 566. 三島聡『性表現の刑事規制』（有斐閣、二〇〇八年）三五頁

注8　Act of March 3, 1865, ch. 89, § 16, 13 Stat. 507.

注9　三島聡『性表現の刑事規制』（有斐閣、二〇〇八年）三五頁

注10　同前、四四頁

注11　一八七三年にニューヨーク州で設立された組織。公共の道徳を監督することを目的としていました。組織の名称はイングランドの悪徳抑圧協会（Society for Suppression of Vice）に由来しています。文学作品から新聞に至るまで出版物に対する検閲を行い、駅や路上などで一般人を監視し、ニューヨークにおけるキリスト教宗教警察の役目を担っていました。言論弾圧法である一八七三年の郵便法（コムストック法）の成立に尽力した組織であり、同法成立後は、多くの構成員が検閲を行う委員会のメンバーになっています。

注12　三島聡『性表現の刑事規制』（有斐閣、二〇〇八年）四四頁

注13　同前、五一頁

注14　同前、四四〜四五頁

注15　同前、四六頁

注16　各州に支部を持つ女性による組織で、一八七四年にアメリカで設立された後、世界各国に拡大しました。組織の主要な目的は飲酒の規制と段階的な撤廃でしたが、女性参政権獲得運動にも積極的な役割を果たしました。

注17　People v. Brainard, 192 App. Div. 816, 183 N. Y. S. 452 (Sup. Ct. 1920), People v. Holt, (1922), People v. Seltzer, (1922) etc.

注18　三島聡『性表現の刑事規制』（有斐閣、二〇〇八年）六七頁

注19　同前、六八〜六九頁

注20　同前、六九〜七二頁

注21　同前、八四〜八六頁

注22　同前、一〇二〜一〇三頁

注23　同前、一〇五頁

注24　同前、一〇六頁

注25　同前、一二七頁

注26　同前、一二八頁

注27　米権利章典で保障されている言論の自由を守ることを目的とした、アメリカ合衆国で最も影響力のあるNGO団体の一つ。一九二〇年設立。政府などにより言論の自由が侵害されている個人や団体に、弁護士や法律の専門家によるサポートを提供しています。これまでにACLUが起こしてきた言論の自由の諸問題をめぐる数々の訴訟は、アメリカ合衆国における法律の発展に多大な影響を及ぼしてきました。法廷闘争以外ではACLUの立場を支持する政治家へのロビー活動も行っています。

注28　三島聡『性表現の刑事規制』（有斐閣、二〇〇八年）一七九頁

注29　同前、二三一頁

注30　一九世紀半ばから女性による女性の市民権を獲得するための活動が活発になり、「全国女性参政権協会（National American Woman Suffrage Association）」が設立されました。同組織は一九二〇年には女性参政権の獲得に成功します。次いで目標を「女性に対する法律的不平等の撤廃」

と掲げ、「男女平等憲法修正条項（Equal Right Amendment）」の起草に貢献しました。さまざまな抵抗に遭いつつも活動を維持し、一九六六年にはさらに組織化を進め「全米女性機構（National Organization for Women）」が設立されました。同組織の尽力で、一九七二年には男女平等修正条項が合衆国議会で可決されるに至ります。こののち展開された、この条項の成立に必要な全州の四分の三（三八州）の州議会での批准を獲得するために展開された運動を指します。一九八二年までに必要な批准数を得られず、不成立に終わりました。

注31　三島聡『性表現の刑事規制』（有斐閣、二〇〇八年）二三八頁

注32　同前、二四一頁

第五章

注1　三島聡『性表現の刑事規制』（有斐閣、二〇〇八年）四九頁

注2　R. v. Hicklin,（1868）LR. 3 Q.B. 360.

注3　以下はヒックリン基準で規制された古典名作の例。
『ダフニスとクロエ』ギリシア古典／『サテュリコン』ローマ古典／『アラビアンナイト』ペルシャ古典／『ガルガンチュア』フランソワ・ラブレー／『デカメロン』ボッカチオ／『回想録』カサノバ／『ヴォルテール作品集』ヴォルテール／『ユリシーズ』ジェイムズ・ジョイス／『恋

する女たち』『チャタレー夫人の恋人』D・H・ロレンス／『西部戦線異状なし』レマルク／『誰がために鐘は鳴る』『武器よさらば』アーネスト・ヘミングウェイ／『奇妙な果実』リリアン・スミス／『北回帰線』ヘンリー・ミラー

注4　三島聡『性表現の刑事規制』（有斐閣、二〇〇八年）七八頁

注5　同前、八四〜八五頁

注6　同前、八七頁

注7　同前、九三頁

注8　同前、九六〜一〇一頁

注9　Roth v. United States, 354 U.S. 476 (1957).

注10　三島聡『性表現の刑事規制』（有斐閣、二〇〇八年）一一二〜一一四頁

注11　A Book Named "*John Cleland's Memoires of a Woman of Pleasure*" v. Attorney Gen. of Massachusetts. 383 U.S. 413 (1966).

注12　Grove Press, Inc. v. Christenberry, 175 F. Supp. 488 (S. D. N. Y. 1959).

注13　Larkin v. G. P. Putnam's Sons, 14 N. Y. 2nd 399, 200 N. E. 2nd 760 (1964).

注14　三島聡『性表現の刑事規制』（有斐閣、二〇〇八年）一四六頁

注15　Mishkin v. New York, 383 U.S. 502 (1966).

注16　Ginzburg v. United States, 383 U.S. 463 (1966).「文字や絵画・写真を用いた物件を、顧客の性的な興味に訴えかけるように広く宣伝をしながら供給する商売」（パンダリング）の一環として、出版物が製造され販売されたという証拠は、猥褻性の問題を判断するにあたって関連性を有すると判断されました。この判決理由は、「手法」を規制しているのだとすることで、内容中立規制に用いられる中間審査基準を援用して、猥褻規制の問題に正当化根拠を与えようとするものと評価できます。

注17　Ginzburg v. United States, 383 U.S. 463 (1966) at p. 498 n. 1.

注18　Stanley v. Georgia, 394 U.S. 557 (1969).

注19　Redrup v. New York, 386 U.S. 767 (1967).

注20　Ginsberg v. New York, 390 U.S. 629 (1968).

注21　三島聡『性表現の刑事規制』（有斐閣、二〇〇八年）一八六〜一八七頁

注22 United States v. Reidel, 402 U.S. 351 (1971).

注23 Paris Adult Theatre I v. Slaton, 413 U.S. 123 (1973).

注24 Miller v. California, 413 U.S. 15 (1973).

注25 三島聡『性表現の刑事規制』（有斐閣、二〇〇八年）二〇八〜二一一頁

注26 続くハムリング事件判決 Hamling v. United States 418 U.S. 87 (1974). では、共同体基準とは州全体の一般化された基準を指すものではなく、陪審の出身共同体またはその周辺の考え方を元に判断することを容認するとしました。

注27 三島聡『性表現の刑事規制』（有斐閣、二〇〇八年）二二四頁

注28 Theodore Schroeder, "*Obscene*" *Literature and Constitutional Law*, California Digital Library, 1911.

注29 三島聡『性表現の刑事規制』（有斐閣、二〇〇八年）五二頁

注30 同前、九二〜九三頁

注31 同前、一七九〜一八〇頁

注32　Commission on Obscenity and Pornography, *The Report of the Commission on Obscenity and Pornography*, BantamBooks, 1970.

注33　*Ibid*. Part II, IV "Recommendations of the Commission", 三島聡『性表現の刑事規制』(有斐閣、二〇〇八年）一八八頁

注34　*Ibid*. Part I, I, "B. The Comsumers Young People's Experience with Sexually Explicit Materials".

注35　*Ibid*. Part I, III, "A. Sex Education".

注36　*Ibid*. Part I, IV, "D. Public Opinion Concerning Restrictions on the Availability of Expli cit Sexual Materials".

注37　*Ibid*. Part II, II, "Legislative Recommndations".

注38　*Ibid*. Part II, II, "B. Satutes Relating to Young Persons". 三島聡『性表現の刑事規制』(有斐閣、二〇〇八年）一九〇頁

注39　三島聡『性表現の刑事規制』(有斐閣、二〇〇八年）一九二〜一九四頁

注40　Young v. American Mini Theatres, Inc., 427 U.S. 50 (1976). City of Renton v. Playtime

Theatres, Inc. 475 U.S.41 (1986).

注41　FCC v. Pacifica Foundation., 438 U.S. 726（1978）.

注42　三島聡『性表現の刑事規制』（有斐閣、二〇〇八年）二三五頁

注43　同前、二三五〜二三六頁

注44　New York v. Ferber, 458 U.S. 747（1982）.

注45　一方、性表現から害を受けにくいという証拠についても提示されていません。先の *The Report of the Commission on Obscenity and Pornography* でも、未成年者集団に対する性表現に関する調査やインタビューが制限されていて、信頼に足る結果が提示できないことが示されています。Part II, II., "The Impact of Erotica".

第六章

注1　古事記や日本書紀には男女が性交する場面が何度か登場します。イザナギとイザナミの性交のシーンには誘い文句として、「爲美斗能麻具波比」（みとのまぐわいせむ：セックスしましょう）とあります。「みとのまぐわい」の「み」は単なる接頭語で意味がなく「と」は性器のことです。「まぐわい」は合わせることで、「みとのまぐわい」は「性器を合わせる」という意味になりま

す。当時は「と」に性器の意味があったようです。

他の性交を表現する箇所では、「突其美人之富登」（その美人のほとをつきき：その女性のヴァギナに挿入した）とあり、女性器を「富登（ほと）」と表現しています。他にも「陰上」と書いて「ほと」と読ませたり、単に「陰」だけでも「ほと」と読ませています。身分の高い女性の陰部は「みほと」とも呼び、「美蕃登」「美保土」「御陰」などの字があてられています。「不浄」と書いて「ほとどころ」と読ませる呼び名もありました。

注2　田上太秀『仏教と性差別』（東書選書、一九九二年）

注3　速水融『歴史人口学で見た日本』（文春新書、二〇〇一年）

注4　『仏教と性差別』（東書選書、一九九二年）、松岡秀明「我が国における血盆経信仰についての一考察」『東京大学宗教学年報』VI（一九八九年）八五〜一〇〇頁を参照のこと。

主要参考文献

赤松啓介『夜這いの民俗学・夜這いの性愛論』（ちくま学芸文庫、二〇〇四年）
朝倉喬司『スキャンダリズムの明治』（洋泉社、二〇〇七年）
浅古弘・伊藤孝夫・植田信廣・神保文夫編『日本法制史』（青林書院、二〇一〇年）
池田弥三郎『性の民俗誌』（講談社学術文庫、二〇〇三年）
市川茂孝『母権と父権の文化史——母神信仰から代理母まで』（農山漁村文化協会、一九九三年）
——『日本人は性をどう考えてきたか——クローン時代に生かすアジアの思想』（農山漁村文化協会、一九九七年）
氏家幹人『江戸の性風俗——笑いと情死のエロス』（講談社現代新書、一九九八年）
加藤隆之『性表現規制の限界——「わいせつ」概念とその規制根拠』（ミネルヴァ書房、二〇〇八年）
本村凌二『ローマ人の愛と性』（講談社現代新書、一九九九年）
黒岩比佐子『明治のお嬢さま』（角川選書、二〇〇八年）
小林章夫『エロティックな大英帝国——紳士アシュビーの秘密の生涯』（平凡社新書、二〇一〇年）
小谷野敦『日本売春史——遊行女婦からソープランドまで』（新潮選書、二〇〇七年）
佐伯順子『「愛」と「性」の文化史』（角川選書、二〇〇八年）
芝紘子『地中海世界の〈名誉〉観念——スペイン文化の一断章』（岩波書店、二〇一〇年）

実業之日本社編『少女の友』創刊100周年記念号――明治・大正・昭和ベストセレクション』（実業之日本社、二〇〇九年）
鈴木俊幸『絵草紙屋――江戸の浮世絵ショップ』（平凡社選書、二〇一〇年）
千田有紀『日本型近代家族――どこから来てどこへ行くのか』（勁草書房、二〇一一年）
田上太秀『仏教と性差別――インド原典が語る』（東書選書、一九九二年）
中村喜代三『近世出版法の研究』（日本学術振興会、一九七二年）
新渡戸稲造『武士道』（岩波文庫、一九三八年）
日本聖書協会『聖書 口語訳』（日本聖書協会、一九五五年）
橋本求『日本出版販売史』（講談社、一九六四年）
速水融『歴史人口学で見た日本』（文春新書、二〇〇一年）
平山亜佐子『明治 大正 昭和 不良少女伝――莫連女と少女ギャング団』（河出書房新社、二〇〇九年）
三島聡『性表現の刑事規制――アメリカ合衆国における規制の歴史的考察』（有斐閣、二〇〇八年）
百瀬響『文明開化――失われた風俗』（吉川弘文館、二〇〇八年）
八木透・服部誠・山崎祐子『日本の民族7　男と女の民俗誌』（吉川弘文館、二〇〇八年）
山内秀光編『違式詿違条例 註解』（柳影社、一八七八年）
度会好一『ヴィクトリア朝の性と結婚――性をめぐる26の神話』（中公新書、一九九七年）
アルベルト・アンジェラ『古代ローマ人の24時間――よみがえる帝都ローマの民衆生活』関口英子訳（河出書房新社、二〇一〇年）
――『古代ローマ帝国1万5000キロの旅』関口英子・佐瀬奈緒美訳（河出書房新社、二〇一三年）
――『古代ローマ人の愛と性――官能の帝都を生きる民衆たち』関口英子・佐瀬奈緒美訳（河出書房新社、二〇一四年）

アレクシ・ド・トクヴィル『アメリカのデモクラシー』第一巻（上・下）松本礼二訳（岩波文庫、二〇〇五年）

――『アメリカのデモクラシー』第二巻（上・下）松本礼二訳（岩波文庫、二〇〇八年）

アンドレアス・カペルラヌス『宮廷風恋愛の技術』ジョン・ジェイ・パリ編、野島秀勝訳（法政大学出版局、一九九〇年）

アンケ・ベルナウ『処女の文化史』夏目幸子訳（新潮選書、二〇〇八年）

エイザ・ブリッグズ『イングランド社会史』今井宏・中野春夫・中野香織訳（筑摩書房、二〇〇四年）

アウレリウス・アウグスティヌス『アウグスティヌス著作集7　マニ教駁論集』岡野昌雄訳（教文館、一九七九年）

Commission on Obscenity and Pornography, *The Report of the Commission on Obscenity and Pornography*, New York Times, 1970.

C・メクゼーパー、E・シュラウト『ドイツ中世の日常生活――騎士・農民・都市民』瀬原義生監訳、赤阪俊一・佐藤専次訳（刀水書房、一九九五年）

コルネーリウス・タキトゥス『ゲルマーニア』泉井久之助訳（岩波文庫、一九七九年）

デビッド・ノッター『純潔の近代――近代家族と親密性の比較社会学』（慶應義塾大学出版会、二〇〇七年）

ガイウス・ユリウス・カエサル『カエサル文集――ガリア戦記・内乱記』國原吉之助訳（筑摩書房、一九八一年）

ハンス・ヴェルナー・ゲッツ『中世の日常生活』轡田収・山口春樹・川口洋・桑原ヒサ子訳（中央公論社、一九八九年）

ミッタイス・リーベリッヒ『ドイツ法制史概説 改訂版』世良晃志郎訳（創文社、一九七一年）

イザベラ・バード『日本奥地紀行』高梨健吉訳（平凡社ライブラリー、二〇〇〇年）

ジャン・ルイス・フランドラン『農民の愛と性——新しい愛の歴史学』蔵持不三也・野池恵子訳（白水社、一九八九年）
ヨハン・ホイジンガ『中性の秋』堀越孝一訳（中央公論社、一九七一年）
Jon Lewis, *Hollywood v. Hard Core: How the Struggle Over Censorship Created the Modern Film Industry*, New York University Press, 2000.
ホセ・ヨンパルト『教会法とは何だろうか』（成文堂、一九九七年）
ローレンス・ストーン『家族・性・結婚の社会史——1500年〜1800年のイギリス』北本正章訳（勁草書房、一九九一年）
ミシェル・フーコー『性の歴史Ⅰ　知への意思』渡辺守章訳（新潮社、一九八六年）
——『性の歴史Ⅱ　快楽の活用』田村俶訳（新潮社、一九八六年）
——『性の歴史Ⅲ　自己への配慮』田村俶訳（新潮社、一九八七年）
Michael James Pfeifer, *Rough Justice: Lynching and American Society, 1874-1947*, University of Illinois Press, 2006.
Neil Miller, *Banned in Boston: The Watch and Ward Society's Crusade against Books, Burlesque, and the Social Evil*, Beacon Press, 2010.
ノーマン・P・タナー『教会会議の歴史——ニカイア会議から第2バチカン公会議まで』野谷啓二訳（教文館、二〇〇三年）
Norman P. Tanner, *Decrees of the Ecumenical Councils*, Georgetown University Press, 1990.
Stephen M. Krason, *The Public Order and the Sacred Order: Contemporary Issues, Catholic Social Thought, and the Western and American Traditions*, Scarecrow Press, 2009.
Theodore Schroder, "*Obscene*" *Literature and Constutional Law: A forensic defense of freedom of the press*, California Digital Library, 1911.

白田秀彰（しらた・ひであき）

1968年宮崎県生まれ。法政大学社会学部准教授。
一橋大学法学部卒業。同大学大学院博士後期課程修了。
博士（法学）。専門は情報法、知的財産権法。
著書に『コピーライトの史的展開』（信山社）、
『インターネットの法と慣習』（ソフトバンク新書）など。

性表現規制の文化史

2017年8月15日　第1版第1刷発行
2021年7月21日　第1版第4刷発行

著者　白田秀彰

装画　山本直樹

装丁　川名潤

発行所　株式会社亜紀書房
〒101-0051　東京都千代田区神田神保町1-32
電話　03-5280-0261
http://www.akishobo.com
振替　00100-9-144037

印刷・製本　株式会社トライ
http://www.try-sky.com

ISBN 978-4-7505-1518-2